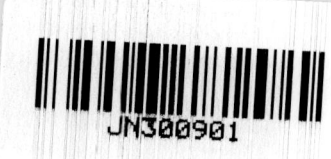

シンプルでかわいい

手作りカード

5人の人気クリエイターによる
カード作りのアイデア集!

大泉書店

de mie
RIVER

Prologue

はじめに

贈ったときの相手の顔を想像すること、相手をちょっとだけおどろかせ、
喜ばせたいと思う気持ち。それがカード作りには大切です。
手軽に贈れるカードだから、手のこんだものより
さりげない工夫がうれしいですよね。
上手に絵が描けなくても、手先が特別器用じゃなくても大丈夫。
小さなアイデアひとつで、気持ちのこもった素敵なカードが作れます。

家族や友達の誕生日に、おめでとうの気持ちをこめて。
父の日や母の日に、ありがとうの気持ちをこめて。
バレンタインや記念日に、好きの気持ちをこめて。
この本では、大切な人に贈ってあげたくなるような
38のカードのアイデアを5人のクリエイターが紹介しています。
身近にある素材をつかって、カード作りに挑戦してみてください。

CONTENTS
もくじ

Part 1 紙で作る

Part 2 布やリボンで作る

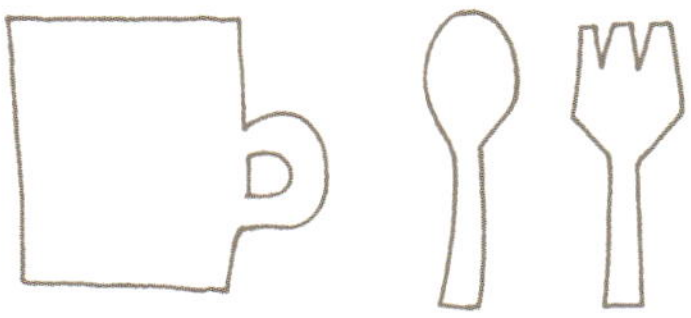

Part 3 身近な素材で作る

Part 4 はんこで作る

付録1 封筒にもひと工夫

付録2 カードをつかったラッピング

Lesson…1

カード作りをはじめるまえに

カードを作ってみたいけど、材料が手元にないし道具もそろっていない。
わざわざ買い集めるのもちょっと面倒……そんな風に思っていませんか？
材料は、日常のなかにあふれています。まずは「身のまわりにあるもので」という
気軽な気持ちでチャレンジしてみてはいかがでしょうか？ そのためには、気になった材料や
ちょっとかわいいなと思ったものは、普段から捨てないで取っておくことが大切です。
また、ない道具があっても他のもので代用できます。手作りすることが楽しくなってきたら、
少しずつ自分のつかいやすい道具をそろえてみてください。

材料について

1 紙類
画材店でさまざまな種類を扱っており、1枚から購入できるものもある。より手軽に作りたい人は、はじめからカードのサイズにカットされている紙を選んでも。

2 シール
丸型、星型、文字、宛名など、気に入ったものを集めておくと便利。

3 糸、ひも
カードを縫う、ぶら下げるなど、つかい方はいろいろ。

4 ボタン、ビーズ、スパンコール
カードに付ければ、キラッと光るアクセントになる。

5 布類
綿、麻、フェルト、オーガンジーなどを、用途にあわせて選ぶ。つかうのはほんの少しなので、はぎれで買うのもおすすめ。

6 お菓子、アイスの棒
かわいい包装のお菓子や食べ終わったアイスの棒も、アイデアひとつでカードの材料に。

7 紙テープ、マスキングテープ
マスキングテープは本来、ペンキ塗りのときなどに、塗りたくない部分に貼って保護する役割のものだが、文房具店のラッピングコーナーなどでは、さまざまな色や柄のものを扱っている。紙テープとあわせて、さりげなくつかえばとってもおしゃれ。

8 植物
季節の花や葉っぱなど。押し花や押し葉にしてつかう。

9 リボン、レース、モール
包装につかわれていたリボンや、レースのはぎれなどは捨てずに取っておけばカードの飾りに最適。

10 アルミワイヤー
手でも簡単に曲げられるので扱いやすい。写真は茶色のつや消しのもの。

道具について

切る道具

1 デザインカッター
細かい作業に向いている。

2 カッター
長い直線を切る作業に向いている。

3 はさみ
先のとがったものがあると作業がしやすい。

4 ピンキングばさみ
写真は布用のもの。切り口がギザギザになる。

貼る道具

5 スティックのり
紙同士を貼りあわせるときにつかう。

6 木工用ボンド
異なる素材や紙以外の素材を貼りあわせるときにつかう。

7 両面テープ
素材を汚さずきれいに貼りあわせることができる。用途にあわせてつかいやすい幅のものを選んで。

8 スプレーのり
しわにならずにムラなく貼れるので、広い面を貼りあわせるときに便利。

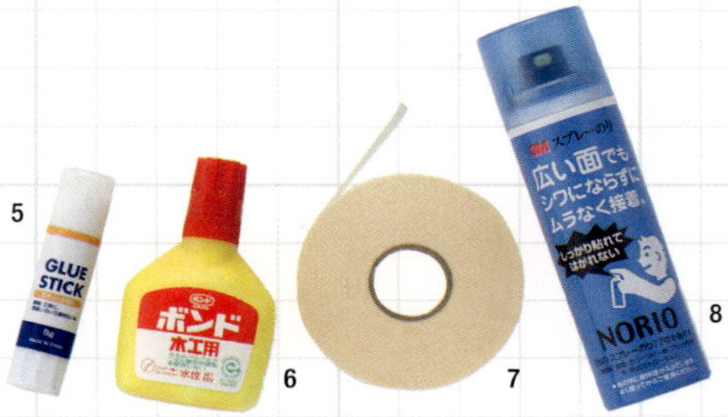

書く道具

9 鉛筆、シャープペンシル
図案を写すときや、イラストを描くときにつかう。

10 ペン
メッセージやイラストを描くときにつかう。

11 絵の具
紙や布に色を塗るときにつかう。

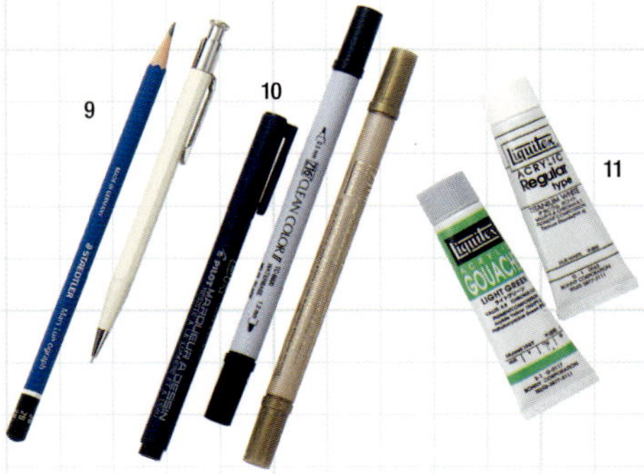

その他の道具

12 カッティングマット
ある程度の大きさがあると作業しやすい。

13 定規
ステンレス製またはプラスチック製。つかいやすい長さのものを選ぶ。

14 ペンチ
ワイヤーを曲げるときにつかう。

15 ホチキス
仮止めなどにつかう。

16 穴あけパンチ
穴のサイズが小さなものがあるとカード作りに便利。

17 千枚通し
穴をあけるときにつかう。キリや目打ちなどでもよい。

18 マスキングテープ
仮止めなどにつかう。

19 文字スタンプ
持っていると、カード作りに大活躍。

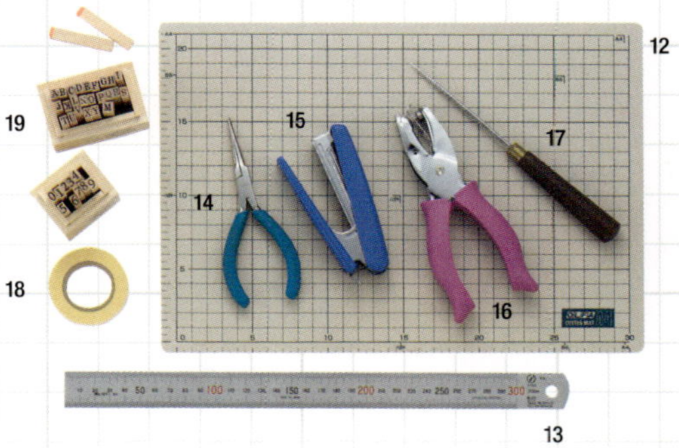

Lesson…2

カード作りのテクニック

手作りの楽しさをさらに広げるために、
知っていると役立つ、
7つのテクニックを紹介します。

テクニック1

素材のしわは のばしておく

布やリボン、レースなどの素材は、アイロンでしわをのばしてからつかうのがおすすめ。布だけでなく、しわになってしまった紙にもアイロンは役立つ。カードをきれいに仕上げるために、こうしたちょっとした気遣いは大切なこと。

テクニック2

はさみとカッターを つかいわける

基本的に、曲線を切るならはさみ、長い直線や厚みのあるものならカッター、細かい作業ならデザインカッターが向いているが、作品にあわせて自分のつかいやすい道具を選ぼう。直線をあえてはさみで切って、カッターとはまた違った味を出してみるのも面白い。道具を上手につかいわけることが、完成度を高めるコツ。

テクニック3

紙や布を同じ形に たくさん切る

同じ形がたくさん必要なときは、重ねて切るとあっという間。重ねた紙がずれないように、マスキングテープやホチキスなどではしを何か所か固定すると切りやすい。画用紙を4、5枚重ねてカッターで切る場合は、刃を一気に下まで通そうとせず、2、3回にわけて切るのがポイント。

テクニック4

紙をきれいに折る

折りたい場所に定規をあてて折ると、まっすぐにきれいに仕上がる。ボール紙や段ボールなど厚い紙の場合は、折ったときに内側になるほうに定規をあてて、目打ちなどで筋を入れてから折る。外側に入れてしまうと、角が美しく仕上がらないので注意。カッターで筋を入れる場合は、歯を深く入れすぎないように力の加減をしよう。

テクニック5

はがれてしまったすきまを貼りあわせる

貼りあわせた場所にすきまができてしまった場合は、木工用ボンドなどの接着剤を一度紙の上に出し、へらなどの先に適量付けてすきまに差しこむようにする。へらの代わりに細く切った紙きれやようじなどをつかってもきれいに仕上がる。接着剤を扱うときは、せっかくのカードを汚してしまわないように、慎重に。

テクニック6

絵の具で塗る

上手に塗るためには、絵の具を溶く水の量が重要。ムラなく塗りたいなら薄すぎても濃すぎてもだめ。ちょうどよい濃さになるように、少しずつ水を足して混ぜながら調整しよう。絵の具はつかう量の2〜3倍作っておくのがポイント。色を混ぜるならなおさらのこと、途中で足りなくなったときに同じ色を作るのは難しいので、たっぷり作る。水を少なめにしてかすれさせたり、多めにして色をぼかすなど、わざとムラを出したほうが味がでる場合もあるので、いろいろ試してみるとよい。

テクニック7

シールやスタンプをつかう

自分で文字を書くとどうも格好よく仕上がらない……という場合は、市販の文字シールやアルファベットのスタンプなどをつかってみるのもおすすめ。とくにアルファベットスタンプは、1セット持っているといろいろつかえるので便利。文房具店などで、500円くらいから手に入る。

図案のつかい方

この本にはたくさんの図案が出てきます。図案をつかえば
より簡単にカード作りができるので、ぜひ活用してみてください。
形を写す場合と切り抜く場合、それぞれの方法を紹介します。

【形を写す】

1 コピーした図案を裏向きにし、図案のちょうど裏を濃いめの鉛筆でおおざっぱに塗る。

2 形を写したい場所に紙の表を上にして置き、図案をシャープペンシルで強くなぞる。

3 下絵の完成。

4 写し取った下絵の線を本番用のペンでなぞる。

完成。

point

紙の裏を鉛筆で塗る代わりに、カーボン紙をつかって写してもよい。また、手差しのコピー機に本番用の紙を差しこんで、図案を直接コピーする方法もある。

【形を切り抜く】

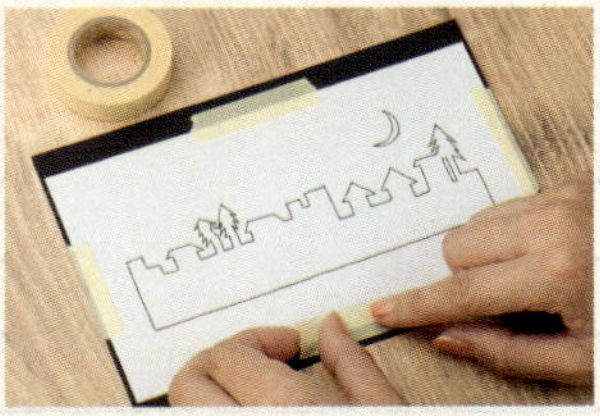

1 コピーした図案を、マスキングテープなどで、切り抜きたい場所に留める。

2 紙を重ねたまま、はさみやカッターで図案通りに切る。

完成。

point

布の場合は、切っているうちに図案の紙がずれてきてしまうため、この方法は向かない。カーボン紙やチャコペーパーなどをつかって図案を布に写し、切る方法がおすすめ。

part

1

紙で作る

IDEA

01～12

カード作りにいちばんよくつかう材料は、なんといっても紙。
画用紙、トレーシングペーパー、古い雑誌やカレンダー。
いろいろな紙で作る、楽しいアイデアを紹介します。
「作ってみたい！」そんな１枚が見つかったら、
さっそくチャレンジしてみましょう。

ЯНВАРЬ
3
СРЕДА
10
Montag
April
22
Dienstag

IDEA
01

カレンダーのコラージュカード

大切な友達や家族の誕生日に、
日付や年齢の数字が入ったカードを贈りましょう。
コラージュのコツは、全面に色紙を貼らないこと。
いろんな柄があるぶん、余白を残したほうがスッキリします。

※コラージュ：画面に印刷物や写真、針金などさまざまなものを貼り付けて構成するデザインのこと。

日付のカード（写真左）

材料＊

青い画用紙（縦17×横18cmの二つ折り）
日めくりカレンダー
好きな色の紙
ガムテープ
カラーマスキングテープ
エアメール封筒の切れはしなど

作り方＊

1 二つ折りにした画用紙の表紙に、贈る相手の誕生日の日付のカレンダーを貼る。
2 カレンダーの数字のまわりに、色紙やガムテープ、マスキングテープなどをバランスよく貼り付けて完成。

年の数のカード（写真右）

材料＊

クラフト紙（縦11.5×横21cmの二つ折り）
日めくりカレンダー
好みの柄の布をコピーした紙
マスキングテープ
紙テープなど

作り方＊

1 二つ折りにしたクラフト紙の表紙に、贈る相手の年の数のカレンダーを貼る。
2 カレンダーの数字のまわりに、布をコピーした紙やマスキングテープなどをバランスよく貼り付けて完成。

point

コラージュをするとき、内側にも紙が少しはみ出るように貼ると、メッセージを読むときも楽しくなるのでおすすめ。
色紙だけでなく、紙テープやマスキングテープ、エアメール封筒の切れはしなど、長細い形のものを貼ることが画面を締めるポイント。

▶セットの封筒の作り方はp.86で紹介。

IDEA 02

かくし絵メッセージカード

トレーシングペーパーをめくるとメッセージやイラストが
あらわれる、ポップなデザインの仕掛けカード。
青いフキダシをメガホンにしたり、かくすイラストを
相手の好きな動物にしたり、アレンジ自在です。

くまのカード

材料＊

赤い画用紙（縦30×横11cmの縦二つ折り）
トレーシングペーパー（縦13.5×横10cm）
青い画用紙
紙テープ（2種類）
ハトメ

point

くまのふちに型紙の線が出ないように、点線の内側にそってていねいに切り抜こう。

作り方＊

1 図案Aをコピーして点線にそって切り抜き、二つ折りにした赤い画用紙の表紙に貼る。
2 カードの折り目に飾り用の紙テープを貼る。
3 トレーシングペーパーをハトメで表紙に付ける。ハトメがなければ、のりで貼ってもOK。
4 青い画用紙を図案Bの形に切り抜く。リボン部分は紙テープを貼って作る。
5 1のケーキがちょうどかくれるよう、トレーシングペーパーの上に3を貼って完成。

男の子のカード

材料＊

黄色の画用紙（縦13×横17cmの二つ折り）
黄色の印刷物（縦13×横17cmの二つ折り）
トレーシングペーパー（縦15×横20cmの二つ折り）
青い画用紙

作り方＊

1 画用紙の表面に黄色の印刷物を貼る。印刷物がなければ、貼らずにそのままでもOK。
2 図案Cを**1**の表紙に描き写す（→p.10）。
3 **2**の上にトレーシングペーパーをかけて、ふちをブックカバーのように内側に折り返す。裏表紙の折り返し部分を、のりかシールで画用紙に留める。
4 青い画用紙を図案Dの形に切り、**2**の小鳥とメッセージがかくれるようにトレーシングペーパーの上に貼って完成。

point

ちょうどよい印刷物がなければ、黄色の紙に英字をコピーしたり、ポストカードや本のカバーなど、黄色いものをカラーコピーしたりして作ってみよう。

図案C

図案A

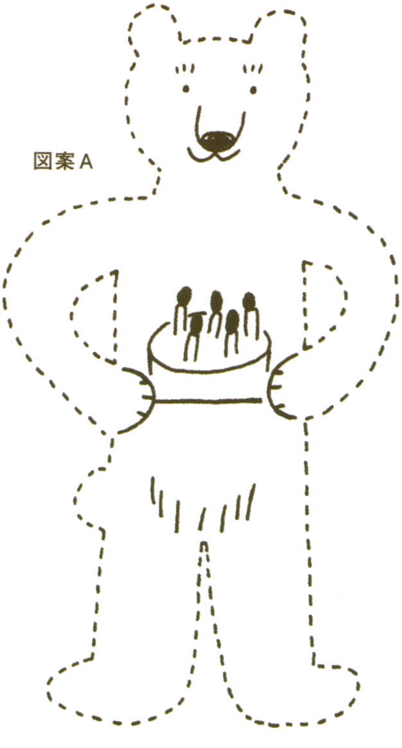

図案B

図案D

IDEA 03

ことばの旗カード

プレゼントの箱をあけると
「HAPPY☆BIRTHDAY」と書かれた
カラフルな旗が出てくる、サプライズカード。
小さなサイズなので、箱からはずして
インテリアとして部屋に飾ることもできます。

材料＊

画用紙（ピンク、ペパーミント、グリーン）
麻ひも（茶色、赤／各70㎝）
修正液
カラーマスキングテープ（2色）
星のシール

作り方＊

1 図案Bの形にあわせて、ピンク6枚、ペパーミント4枚、グリーン4枚の合計14枚の旗を切り抜く。
2 図案Aの文字をそれぞれの旗に描き写し、修正液でなぞる。
3 「HAPPY」と「BIRTHDAY」の間の旗には星のシールを貼る。
4 飾りとして旗の下部にマスキングテープを貼り、旗の形にあわせて三角にカットする（図1参照）。
5 マスキングテープで旗をひもに付け、ホチキスで留めて補強して完成（図2参照）。

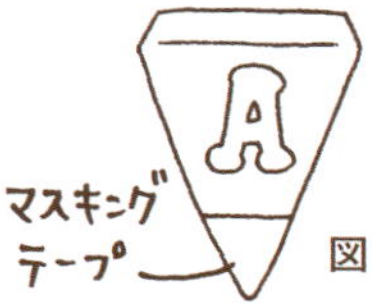

図1

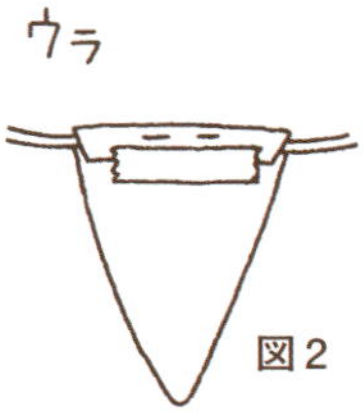

図2

point

渡すときは、色紙で作った「折るだけ封筒」(→p.86)の中にひもの片はしを留めてカードを収納し、プレゼントにはさむ。ひもの反対側は箱のふたに留めて、あけたときに旗が封筒から出てくるようにすると楽しい(図3参照)。

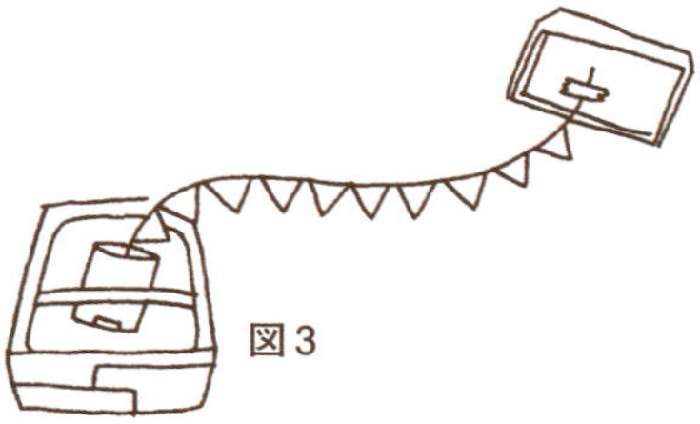

図3

図案A

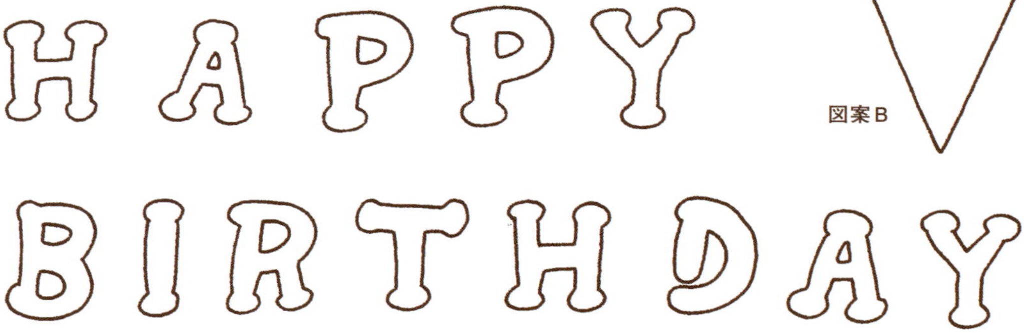

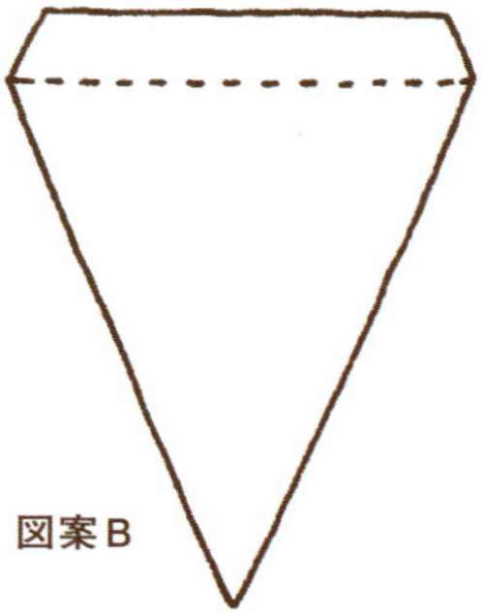

図案B

紙を２枚重ねて切って作る、
元気なストライプ柄。
とっても簡単なので、
お子様がいる方はぜひ
いっしょに作ってみてください。
裏表両方に模様が出るから、
閉じてもかわいい。

IDEA 04

２枚の紙で作る ストライプのカード

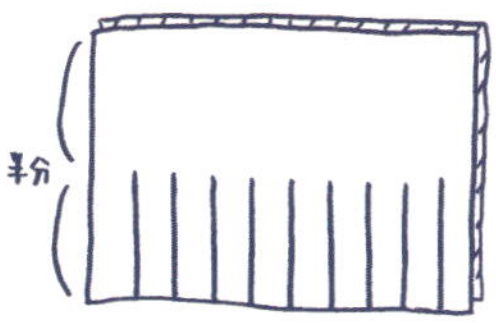

図1

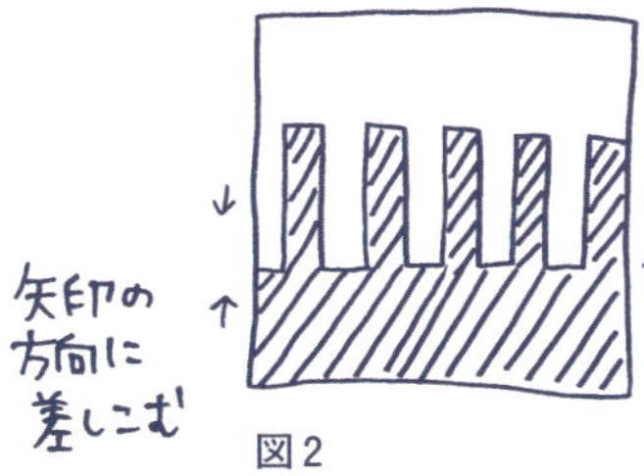

図2

材料＊

画用紙
（水色、白／各縦15×横20㎝の二つ折り）

作り方＊

1 画用紙を2枚重ねて、紙の半分まで等間隔に9本切りこみを入れる（図1参照）。
2 2枚の紙の切りこみを互い違いに重ねて差しこむ（図2参照）。
3 重なっている部分をのり付けする。
4 文字スタンプなどでメッセージを入れて完成。

point

メッセージは、スタンプがなければ手書きで書くか、文字のシールを貼ってもよい。
ストライプの柄に負けないはっきりした色をつかって、ランダムに散りばめるのが、かわいく作るポイント。

IDEA 05 和紙を織りこんだ年賀カード

材料＊

厚手の白い和紙（縦20×横15㎝の縦二つ折り）
薄手の赤い和紙（縦5.5×横9㎝）
緑色の水引
白い紙
「福」のスタンプ

図1

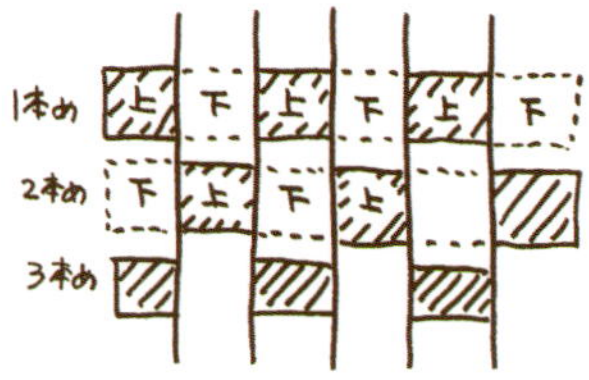

図2

作り方＊

1 二つ折りにした和紙の表紙に、長さ6㎝の切りこみを縦に5本入れる（図1参照）。
2 赤い和紙をたんざく状に横4本に切りわける。
3 **1**の切りこみに**2**を互い違いに入れる（図2参照）。
4 水引を小さく切って、白い紙でまとめてカードに貼る。
5 スタンプを押して完成。

point

和紙のふちを切るときは、折り目を付け、定規をあてててちぎると風合いが出る。
2で赤い和紙をたんざく状に切るときは、あえて幅を少しふぞろいに。

切りこみにたんざく状の紙を差しこんだ、市松模様のカード。
模様をカード全面に入れないのが、大人っぽく仕上げるコツです。
元旦に届くように親しい友人に贈ったら、
お正月の飾りにつかってくれるかも！？

IDEA 06

ミシン目の点線カード

ミシンは布だけの道具、と思っていませんか?
実は紙を縫ってみると、ちょっとすてきな線になるんです。
曲線は難しいので、ゆっくりゆっくり縫うことが大切。
縫い目の裏側が表紙に出て、それがまたかわいい、シンプルでさわやかなカードです。

旗のカード (写真左)

材料＊

白い画用紙
(縦15×横20㎝の二つ折り)
赤い糸
青い布
ようじ

作り方＊

1 図案Aの形を、画用紙の中面に鉛筆で薄く写す。
2 ミシンに赤い糸をセットし、鉛筆の線にそってゆっくり縫う。
3 三角に切った布をようじに巻いて旗を作り、2のうず巻きの中央に貼る。
4 スタンプまたは手書きで「GOAL!」の文字を入れる。
5 あいているスペースにメッセージを書き入れて完成。

図案A

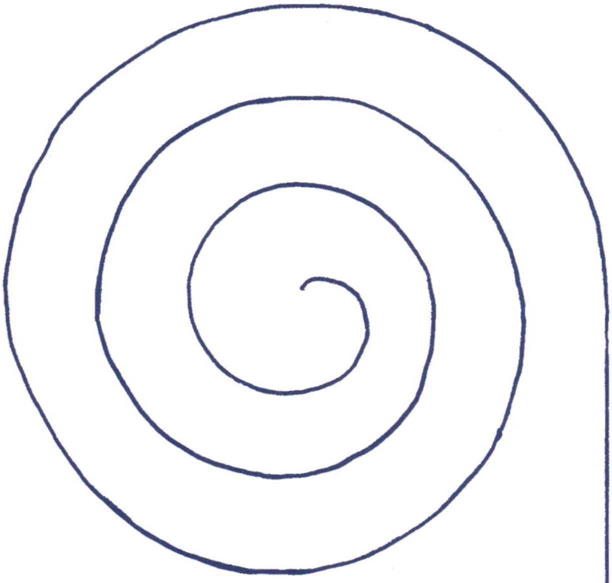

図案B

図案C

point

ミシンは低速、または手で動かしながらゆっくり縫う。
図案BとCを青い糸で縫って、暑中お見舞いのカードも作ってみよう。

Station
RIVER
PARK
文
POST
G.S

IDEA 07

地図付きひっこし通知状

荒く塗った絵の具が、塗りたてのペンキを連想させて
思わず新居に遊びに行きたくなるような、ひっこし通知状。
地図は手描きでも、本物の地図をコピーして貼り付けてもかまいません。
本物の地図をつかうなら、単色カラーコピーがおすすめ。

材料*
白い画用紙（縦15×横10㎝）
好きな色の紙（縦15×横10㎝）
地図を描くクリーム色の紙（縦8×横10㎝）
緑色の絵の具
雑誌などの切り抜き（窓、扉）
パソコンで作った住所のシール（透明）

作り方*
1 白い画用紙の片面に絵の具で荒く色を塗る。
2 絵の具が乾いたら、裏に好きな色の紙を貼る。
3 クリーム色の紙に家までの簡単な地図を描く。
4 3の裏面に住所のシールを貼る。地図を下からめくると文字が読めるよう、向きに注意する。住所は、紙に直接印刷したり、手で書いたりしてもOK。
5 雑誌などから切り抜いた扉や窓の写真を、2の表面の好きな位置にのりで貼っていく。このとき、4の紙をあわせながら位置を決めるとよい。
6 5の上部1㎝にのりを付け、4を地図が表になるように貼る。
7 好みでスタンプなどを押して完成。

point
郵送するときは、地図の部分がめくれてしまわないようにシールなどで留めよう。ハガキとして送る場合は、宛先を書く面に必ずPOSTCARDの文字を書き入れるのを忘れずに（→p.94）。

IDEA 08

ミラー紙にうつった夜景のカード

夜の街がミラー紙にうつりこんだ、幻想的なカード。
ミラー紙に描きこんだ光が、街のシルエットと重なって
窓明かりや星となります。光の色をカラフルにして
クリスマスの夜をイメージしてもきれいです。

材料＊

青い画用紙（縦20×横15㎝の縦二つ折り）
ミラー紙（縦10×横15㎝）
黒い紙
黄色の紙
黄色の絵の具

作り方＊

1 二つ折りにした画用紙の内側の片面に、ミラー紙を両面テープかスプレーのりで貼る。
2 黒い紙を図案Aの街のシルエットの形に、黄色の紙を月の形に切る。ミラー紙を貼っていないほうの面に、それぞれ貼り付ける。
3 **2**の紙を貼った面に、手書きでメッセージを書く。
4 ミラー紙に黄色の絵の具で窓明かりと星を描き入れて完成。

point

ミラー紙は水分をはじくので、絵の具はチューブから出したままの濃いものをつかおう。見る角度によってシルエットのうつり方が変わるので、きれいにうつる位置を見付けて明かりを描き入れるとよい。

図案A

おやすみなさい。

IDEA 09

三角形の クリスマスカード

三つ折りにしたツリー型のカードに
リースをイメージした輪っかを通して。
カードを立てると、三角錐の形の
かわいいクリスマスの飾りに早変わり。
中面にメッセージも書けます。

材料*

メタリック調の紙
好きな色の紙
ラインストーン、リボン、モールなど

作り方*

1 メタリック調の紙を図案Aの形に切り抜く。星の部分はカッターでていねいに。
2 好きな色の紙を図案Bの形に切り抜く。
3 **1**、**2**をそれぞれ三つ折りにして、**1**の内側に**2**をはさみ、のりなどで軽く留める。
4 **1**で使用したものと同じ紙を図案Cの形に切り抜く。文字は、切るのが難しければ手書きでもOK。
5 **3**、**4**にそれぞれラインストーンやリボン、モールなどで飾り付けをする。**4**を**3**に通して完成。

point

3で2枚の紙を貼りあわせるときは、全面にのりを付けず、軽く留める程度でOK。内側の紙が少し浮いているほうが、切り抜いた星の形に立体感が出る。

MERRY X'MAS

図案C
MERRY X'MAS

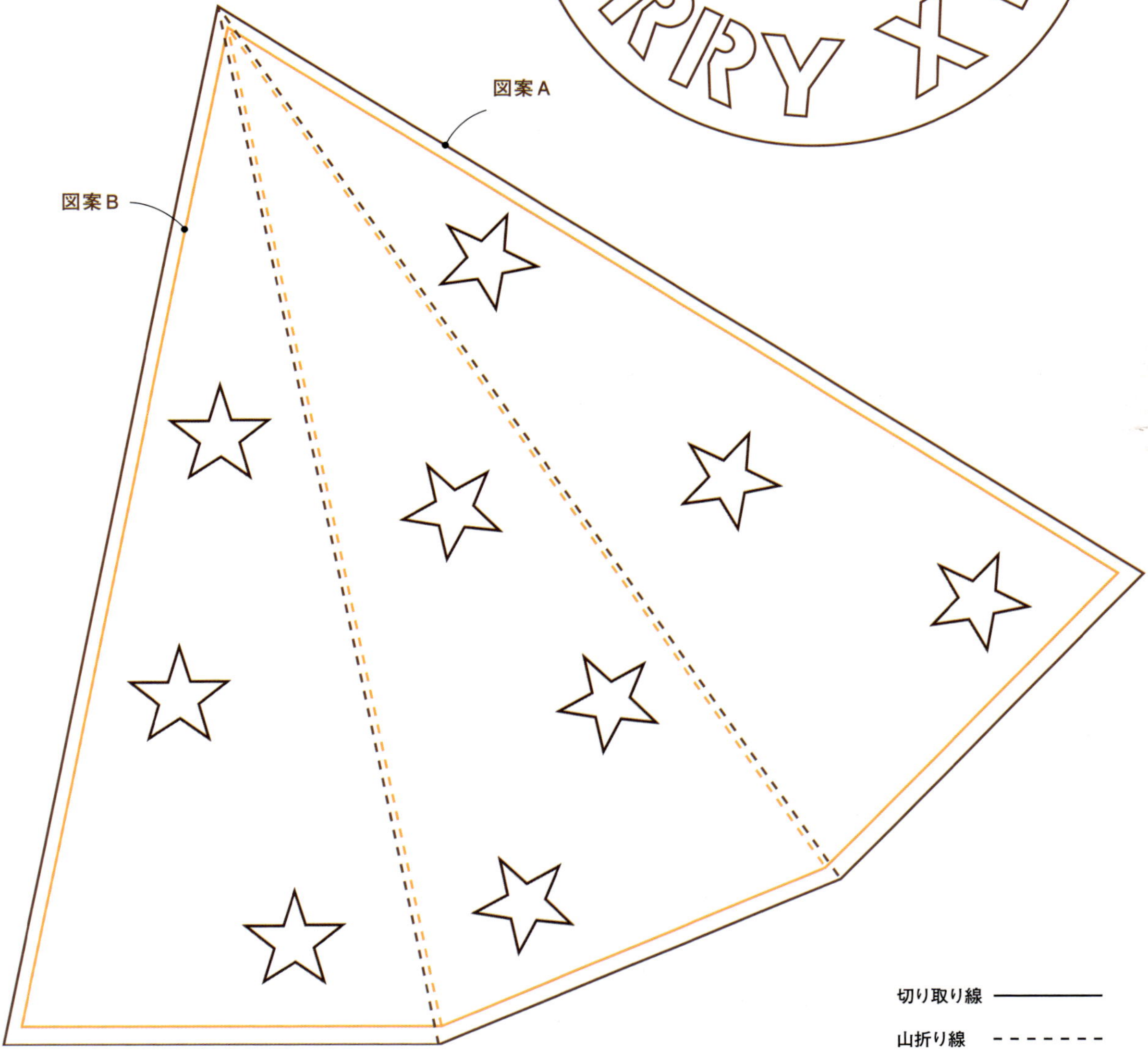
図案A
図案B
切り取り線
山折り線

幸せな二人を祝福する、結婚祝いのポップアップカードです。
レースペーパーやリボンをつかって、高級感を出しましょう。
台紙の色や飾り付けを、贈る相手のイメージにあわせて選ぶと
いっそう心のこもったカードになります。

IDEA 10

ハトとハートのポップアップカード

材料*

パステル調の紙
（縦15×横20㎝の二つ折り）
高級感のある白い紙（縦15×横20㎝）
レースペーパー（直径10〜15㎝）
ラインストーン、リボンなど

point

カードを開け閉めしたときに貼りあわせた接着部分がはがれてこないよう、両面テープやボンドなどでしっかりとのり付けしよう。

作り方*

1 白い紙を図案Aの形に切り抜く。文字の部分は書き写すか、手書きで。文字シールをつかってもよい。
2 ていねいに折り目を入れ、ハトとハートが立ち上がるように組み立てる。
3 レースペーパーを二つ折りにし、パステル調の紙の折り目部分に、外面と中面にまたがるように貼る（写真参照）。
4 3の内側に2を貼りあわせ、ラインストーンやリボン、レースペーパーなどで飾り付けをして完成。

切り取り線 ——————　山折り線 - - - - - - -　谷折り線 -—-—-—-—-

図案A

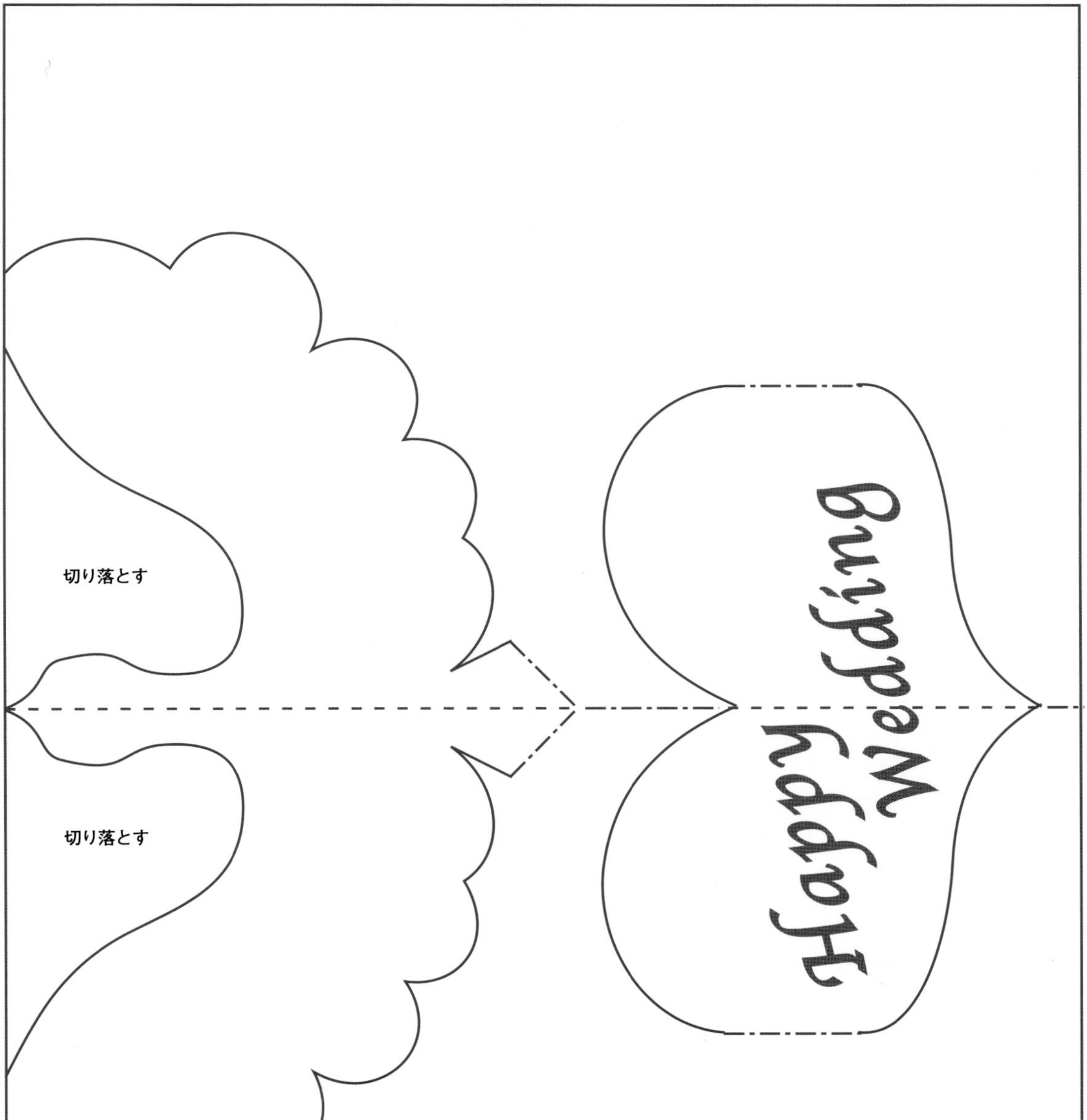

Hello!

IDEA 11

3匹のネコのじゃばらカード

リバーシブルの紙をつかって、色や柄の違うネコが
塀の上で群れているようなイメージにした、じゃばら型のカード。
ちょうどよい紙がなければ、
2種類の紙を貼りあわせて作りましょう。
ネコ好きの友達に贈ってあげたいキュートなカードです。

材料＊

リバーシブルの柄の紙（縦14×横28㎝）

作り方＊

1 紙を図案Aの形に切り抜く。足の形はカッターをつかってていねいに。
2 点線にそって交互に折って完成。

point

ネコに顔を描いたり、足型のそばに好きなメッセージを書いたりしてみよう。
柄のない紙をつかえば、裏や表、あちこちに文字が書けるので、寄せ書きに最適。

山折り線 - - - - - - -
谷折り線 -・-・-・-

図案A

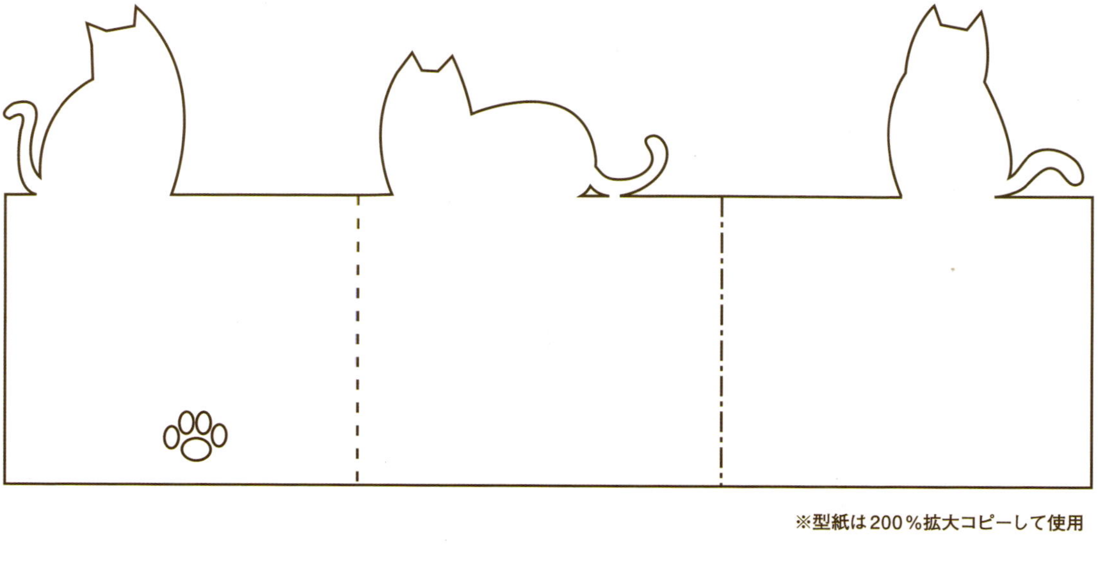

※型紙は200％拡大コピーして使用

IDEA
12

父の日の寄せ書きカード

サスペンダーに見立てたリボンをはずして
パタパタ開くと、みんなからの寄せ書きが……。
お父さんの洋服のようなユーモラスなカードです。
我が家のお父さんらしい
ネクタイやシャツの柄を選んでみては？

材料＊
リバーシブルの柄の紙
（縦19.5×横19.5㎝）
好きな色の紙（2色）
リボン（15㎝を2本）
文字シール

point
内側に貼る紙はピンキングばさみがなければ、普通のはさみで切ってもOK。その場合はシンプルになりすぎないように、四隅の角を切り落としたり丸くしたりして工夫してみよう。

図案A

図案B

作り方*

1 紙を図1のように切る。ネクタイの部分は図案Aの形を写して切り抜く。ここがカードの表紙となる。

2 紙を裏返し、切り抜いたネクタイの面が上にくるように置く。折り目に定規をあてながら、左、右、下、上の順に内側に折りこむ。

3 中面の中央に、文字シールで「WE LOVE YOU」などの文字を入れる。文字シールがなければ、スタンプや手書きでもよい。

4 ピンキングばさみをつかって、色紙を5×5cmの正方形に4枚切る（ネクタイにしたい色で1枚、別の色で3枚）。

5 ネクタイ用の色紙をネクタイの裏面へ、それ以外をあいている中面へ貼り付ける。

6 好きな色の紙を図案Bの形に切り、表紙のネクタイの上へ貼る。

7 カードにリボンを巻き、輪にしてホチキスで留める。左右2本作って完成。

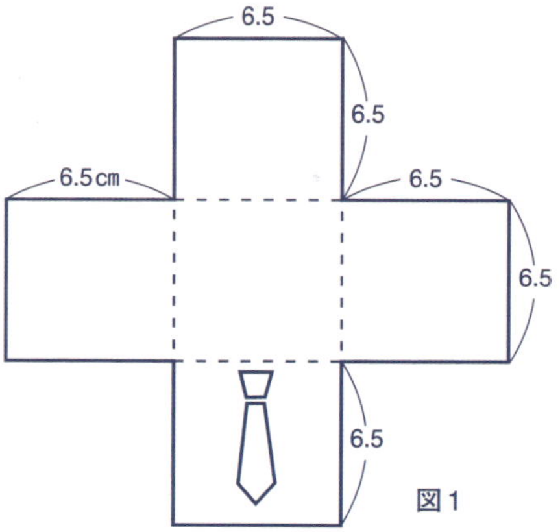

図1

INTERVIEW>>

きりえ作家
中村頼子さんにきく

カード作りのコツ★

カードとしてはもちろん、飾ってもかわいい
ユニークな仕掛けのアイデア

素材選びから楽しむことが大切

イラストレーター兼きりえ作家として、雑誌や広告で活動中の中村頼子さん。2008年春からきりえ講座の講師も担当し、きりえの面白さを広げています。カッターをつかい、細かく美しい模様を作り出すのが中村さんの作品の特徴ですが、今回は初心者でも簡単に作れる、カードのアイデアを紹介してくれました。

作品：p.26、28、30、32

ストーリー作りから発想は生まれる

きりえの仕事で余った紙をつかって、友人や家族にカードを作ることも多いという中村さん。「親しい人へなら、ちゃちゃっと簡単なものにしてしまうことが多いですね。ただ、病気のお見舞いのときなどは、わりとていねいに作ります。ベッドわきの小さなスペースに飾って少しでも和んでいただけたら嬉しいな、と思って」。

プレゼントや贈りものにメッセージを添えたいときは、カードがいちばんだと中村さんはいいます。「カードのよいところは、手紙のように時候や締めのあいさつなど形式ばったことを書く必要がなくて、ひと言ですむ手軽さじゃないでしょうか」。

中村さんの“きりえ”の手法は、今回のカード作りにも活きていますが、その斬新な形の発想は、いつも“ストーリー作り”からはじまるのだそうです。

「たとえばネコのカード（→p.30）なら、塀の上にいるネコたちがネコ端会議をしている場面を想像して、そこからデザインを考えます。父の日カード（→p.32）は、家族みんなが寄せ書きをしてお父さんに贈るシーンを想像して。また、素材を見ていて発想が広がることもあります。メタリックな紙なら未来的な形がいいかな、とか。今回のクリスマスツリーのカード（→p.26）は、未来のクリスマスタワーをイメージしています」。

紙を選んでいる時間が楽しい！

イメージができたら次は素材選びですが、中村さんはどのように探しているのでしょうか。「私の場合、画材店などを探して購入することが多いですが、紙は生活のなかでもたくさんつかわれていますよね。偶然手に入る包装紙や紙袋、お菓子やティッシュの箱など、身近なところでも面白い素材が見つかると思います」。

カード作りの楽しさは素材を探すところからはじまる、と中村さん。「わざわざ買わなきゃと思うと面倒くさいけど、この紙ならどんなカードが作れるかな？ このカードにはどんな紙があうだろう？ と考える時間は楽しいですよ」

相手が喜んでくれることを思って、自分も素材選びや作る過程を楽しむ。中村さんのカードがいきいきと驚きにあふれている理由は、そこにあるのかもしれません。

part

2

布やリボンで作る

IDEA

13～21

布のはぎれやリボンの切れはし、ひとつだけ余ったボタン。
つかい道はないけれど、なんだかもったいなくて捨てられない。
そんな材料を見つけたら、カード作りにつかってみませんか？
見た目だけではなく手触りまで楽しめるカードを紹介します。

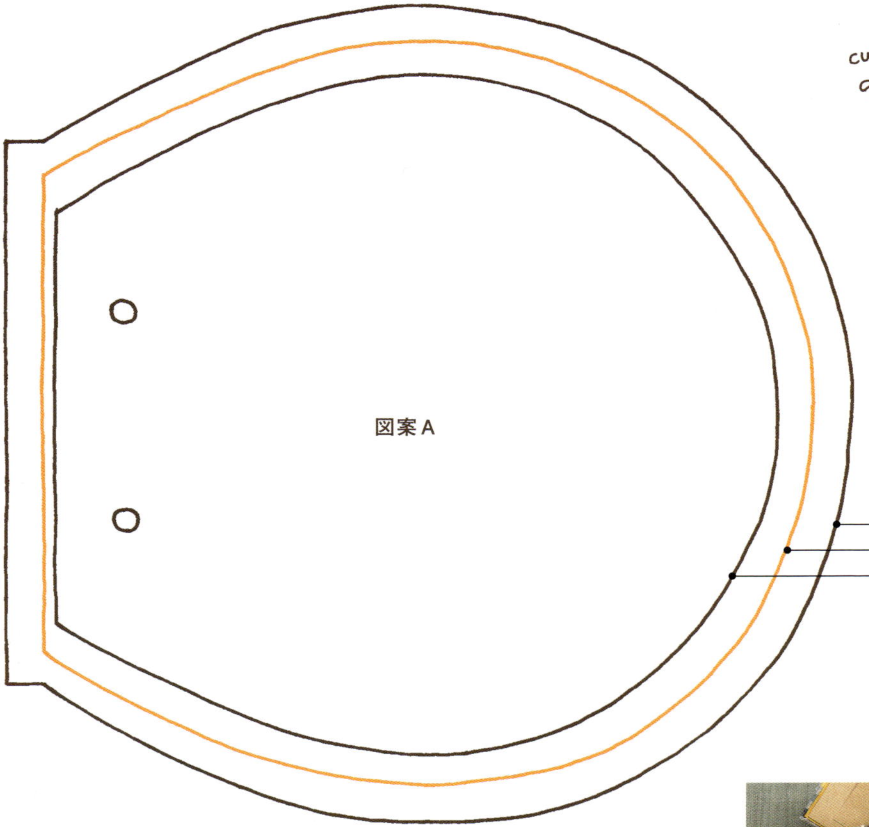

図案A

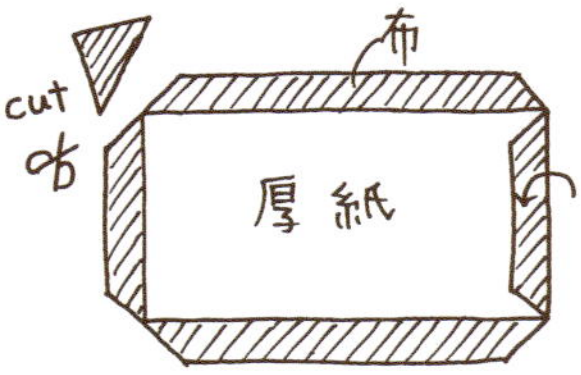

図1

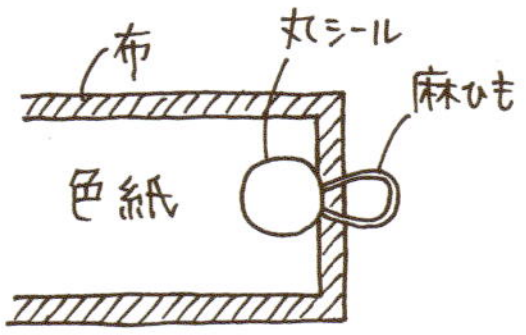

図2

IDEA 13

布貼りの豆本カード

花柄のカード

材料＊

花柄の布（縦12×横7cmを2枚）
厚紙（縦10×横5cmを2枚）
好きな色の紙
（縦9.5×横4.5cmを2枚）
クラフト紙
（縦9.5×横9cmの二つ折りを2枚）
レースのリボン

ボタン付きカード

材料＊

好きな柄の布（縦7×横24cm）
厚紙（縦5×横20cmの二つ折り）
好きな色の紙
（縦4.5×横19cmの二つ折り）
クラフト紙
（縦4.5×横19cmの二つ折りを2枚）
レース
ボタン
麻ひも
丸シール

丸型カード

材料＊

好きな柄の布
（縦12×横12cmを2枚）
厚紙（縦10×横10cmを2枚）
好きな色の紙
（縦10×横10cmを2枚）
クラフト紙
（縦10×横20cmの二つ折りを2枚）
リボン

布製の本のような小さなカード。
母の日に、とびきりの感謝の気持ちをこめて渡しましょう。
中のページにはどんな仕掛けをしようかな？ と、
考えるだけで楽しい、ちょっと手のこんだカードです。

point

リボンをきつく結びすぎるとページが開きにくくなるので、少しゆるめに結ぶとよい。

作り方＊

1 丸型カードは、布、厚紙、色紙、クラフト紙をそれぞれ図案Aの通りに切る。クラフト紙は輪の部分を左にして、輪が切れないように切り抜く。
2 布の裏にスプレーのりを吹き付け、厚紙をくるむようにして貼りあわせる。四角いカードは図1のように布の角を切るときれいに貼れる。
3 布の切れはしをかくすように色紙を貼って、表紙の完成。花柄のカード、丸型カードは、表紙用と裏表紙用に2枚作る。ボタン付きカードは、図2のように裏表紙に麻ひもをあて、丸シールで留める。
4 ボタン付きカード以外は、リボンを通す位置に、穴あけパンチなどで穴をあける。クラフト紙にも同じ位置に穴をあけ、まとめてリボンでとじる。
5 ボタン付きカードは表紙にレースを貼り、ボタンを縫い付ける。
6 中のページにメッセージを書き入れ、好みの装飾をして完成。

ふわふわのフェルト生地をお菓子の形に切り抜いて
ビーズやスパンコールで飾ったら、とってもスウィートな
カードのできあがり。絵の具の模様は、
きっちり塗るよりも、少しおおざっぱなほうがかわいい。

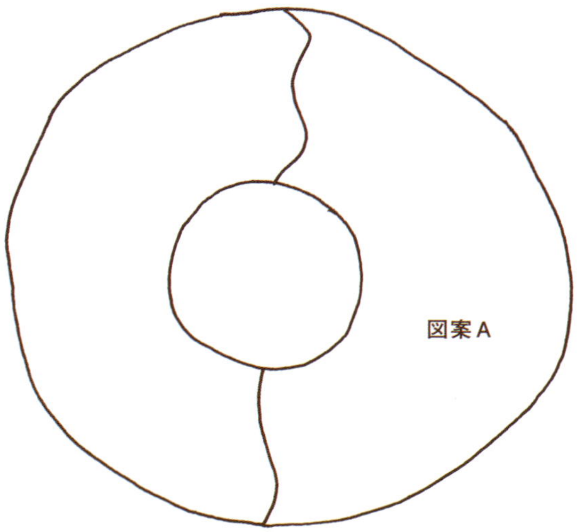
図案A

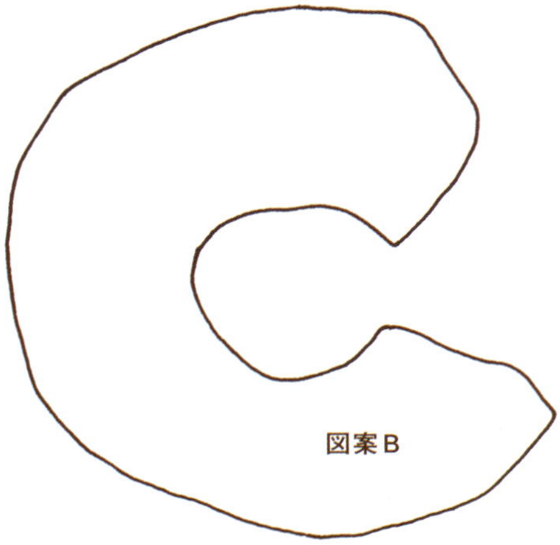
図案B

IDEA 14 ビーズとフェルトのキラキラカード

ドーナツのカード

材料＊

白い画用紙（縦20×横15cmの縦二つ折り）
ベージュのフェルト
茶色の布
ビーズ
緑色の絵の具

作り方＊

1 二つ折りにした画用紙の表紙に、絵の具でストライプ模様を描く。
2 図案A、Bの形にフェルトを裁断する。茶色の布で図案Aのチョコレートにあたる部分（左側）を作り、フェルトの上に貼りあわせる。
3 のりが乾いたら、ビーズを糸でチョコの部分に縫い付ける。
4 ドーナツを表紙に貼って、メッセージを書き入れたら完成。

point

フェルトを貼りあわせるときは、木工用ボンドかスプレーのりをつかうとよい。

アイスクリームのカード

材料＊

画用紙
（赤、白／各縦15×横20cmの二つ折り）
フェルト（ブルー、ピンク、グレー）
星のスパンコール
白いワッフル生地
絵の具（白、茶色）

作り方＊

1 赤と白の画用紙を、赤が表紙になるように貼りあわせる。
2 表紙に白い絵の具で水玉模様を描く。
3 ワッフル生地を水で塗らし、その上から茶色の絵の具でぼかすようにして生地に色を付ける。乾いたら図案Eの形に裁断する。
4 図案C、D、Fの形にそれぞれの色のフェルトを裁断する。
5 3、4をカードに貼っていく。
4 アイスの上に木工用ボンドでスパンコールを貼り付けて完成。

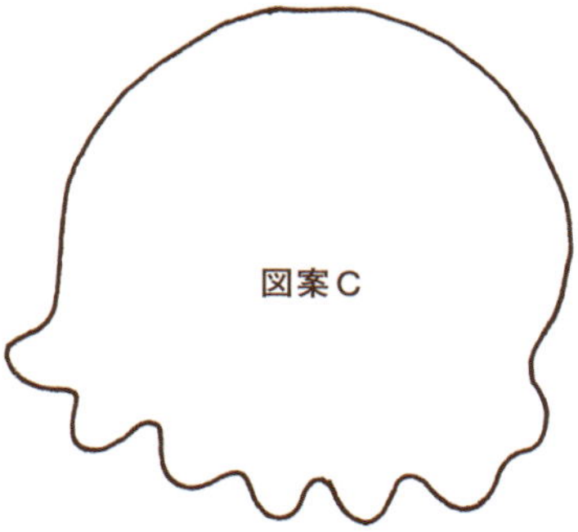

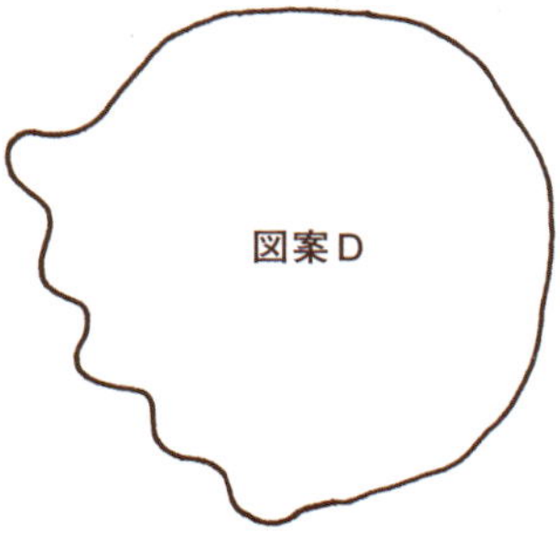

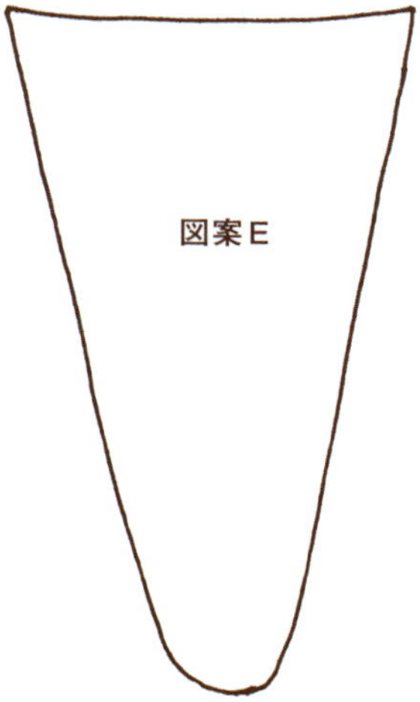

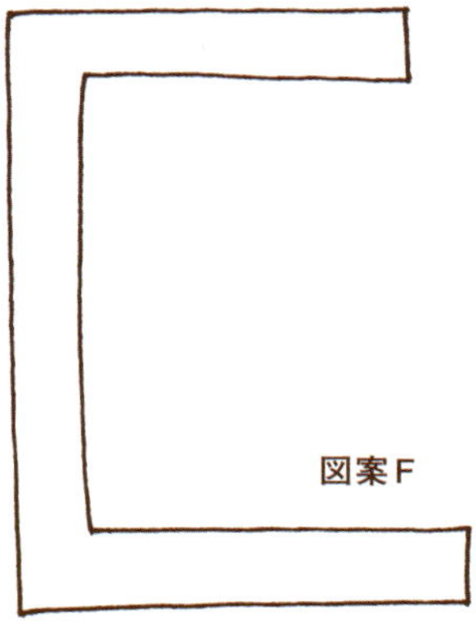

IDEA
15

切り抜き写真の布カード

雑誌や自分で撮った写真からお気に入りのパーツを切り抜いて
カードにペタッ。シャープな印象の写真でも、
布とあわせれば、こんなにあたたかみのあるカードに。
布選びに迷ったら、写真の中につかわれている色を選んでみましょう。

バースデーカード（写真中央）

材料＊

好きな柄の布（直径12cmの円）
厚紙（直径10cmの円）
好きな色の紙（直径9cmの円）
靴の写真の切り抜き
パソコンで印刷したメッセージ

暑中見舞いカード（写真右）

材料＊

好きな柄の布（縦12×横12cm）
厚紙（縦10×横10cm）
好きな色の紙（縦9×横9cm）
麦わら帽子の写真の切り抜き
パソコンで印刷したメッセージ

作り方＊（共通）

1 布にスプレーのりを吹き付け、厚紙をくるむようにして貼りあわせる。
2 布の切れはしをかくすように、裏に色紙を貼る。
3 表紙に写真の切り抜きを貼る。
4 パソコンで印刷したメッセージを、切り抜いて好きな位置に貼る。

point

広い面積の布を貼りあわせるときは、しわになりやすいので注意。スプレーのりを吹き付け、定規をあてて布をのばしながら貼るときれいに仕上がる。スプレーのりがなければ、木工用ボンドをへらなどで薄くのばしてつかうとよい。

クリスマスカード（写真左）

材料＊

好きな柄の布（縦17×横12cm）
厚紙（縦15×横10cm）
好きな色の紙（縦14×横9cm）
セーターの写真の切り抜き
ししゅう糸
リボンの飾り

作り方＊

1 布、厚紙、色紙の上の左右の角をきれいに丸く切る。
2 写真の切り抜きを布にあてて位置を確認しながら、2本取りの糸で、布にメッセージをししゅうする。
3 布にスプレーのりを吹き付け、厚紙をくるむようにして貼りあわせる。
4 布の切れはしをかくすように、裏に色紙を貼る。
5 表紙に写真の切り抜きを貼る。リボンの飾りを貼って完成。

IDEA
16

布をつかった買物かばんのカード

ダンボールに好きな柄の
布を貼って作る、
取っ手付きのかばん型カード。
ほんのちょっと布をつかうだけで、
ただのダンボールが
素敵に変身します。
宛先を書いて切手を貼れば、
定形外郵便物として
郵送することもできます(→p.94)。

マルシェバッグのカード

材料＊

ダンボール
好きな柄の布
緑色のフェルト
革ひも（12㎝）
カシメ（2個）

作り方＊

1 ダンボールと布を図案Aの形に切る。布は図案の下の半分だけでよい。布をダンボールの下部にスプレーのりで貼りあわせる。
2 図案Bの葉の部分をフェルトで作ってダンボールに貼り、幹や枝の部分をペンで描き足す。
3 革ひもとダンボールに目打ちなどで穴をあけ、カシメを打ち付け、持ち手を作る。
4 好みでスタンプを押し、メッセージを書き入れて完成。

四角いかばんのカード

材料＊

ダンボール（縦10×横10㎝）
好きな柄の布
水色のフェルト
レース
綿ひも（15㎝）

作り方＊

1 布を図案C、フェルトを図案Dの形に切り抜く。ダンボールにそれぞれ貼り付ける。
2 レースを貼り付ける。
3 ダンボールに目打ちなどで穴をあけてひもを通し、後ろで結んで持ち手を作る。
4 スタンプでメッセージを入れて完成。

切りっぱなしでもほつれない
フェルト生地の特性を利用して、
こんなカードも作れます。
フェルトを3枚重ねて
厚みを出すのがポイント。
ずっと触っていたいような
手触り抜群のカードができたら、
大好きな友達に渡しましょう。

IDEA 17 フェルトのふわふわカード

クッキーのカード

材料＊

ベージュのフェルト
(3枚／各縦12×横17㎝)
リボンの飾り
穴あけパンチ (穴が小さいもの)

作り方＊

1 フェルト3枚をスプレーのりで貼りあわせる。
2 のりが乾いたら、フェルトを図案Aの形に裁断する。
3 りぼんの飾りを縫い付ける。
4 写真のように、ふちにパンチで穴をあける。
5 メッセージをスタンプして完成。

point

小さな穴のパンチがなかったら、穴をあける代わりにビーズを縫い付けてもかわいい。

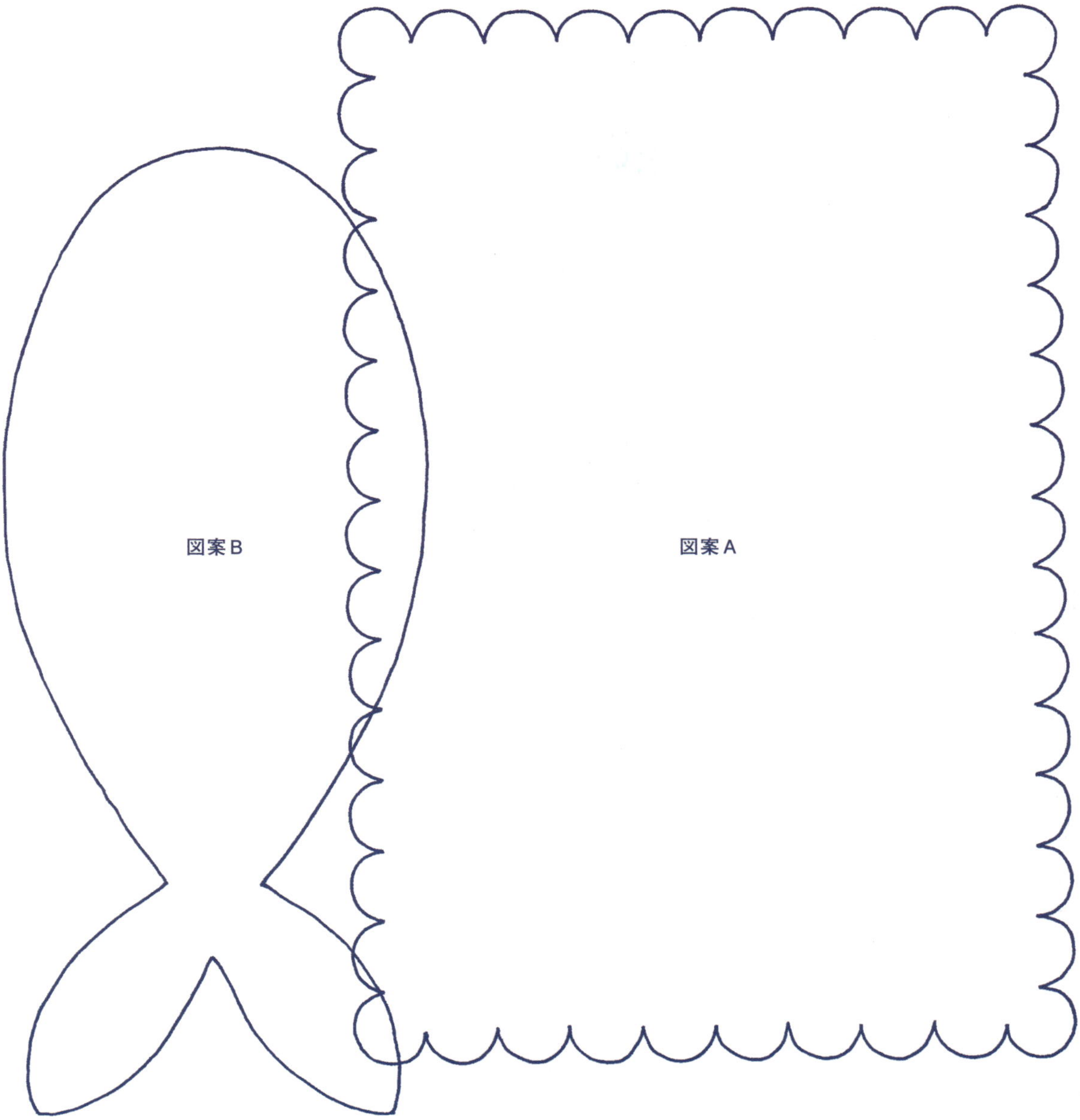

魚のカード

材料＊

フェルト（青2枚、黄緑色1枚／各縦7×横15㎝）
ボタン
レース
ラベルシール

作り方＊

1 フェルト3枚を、黄緑色が真ん中にくるようにスプレーのりで貼りあわせる。
2 のりが乾いたら、3枚になったフェルトを図案Bの形に裁断する。
3 目の位置にボタンを縫い付ける。
4 うろこになるレースをちょうどよい大きさに切って貼り付ける。
5 小さくカットしたラベルシールにメッセージを書き、あいているスペースに貼って完成。

布を切って、レースやリボンで飾るだけ。
とっても簡単にできるから、
どんどん作りたくなってしまいます。
デザイナーになったつもりで、
贈る相手にぴったりの
ワンピースを考えてみましょう。

IDEA
18
レースをつかったワンピースのカード

材料*

茶系の紙（縦15×横20㎝の二つ折り）
好きな柄の布
リボン、レースなど

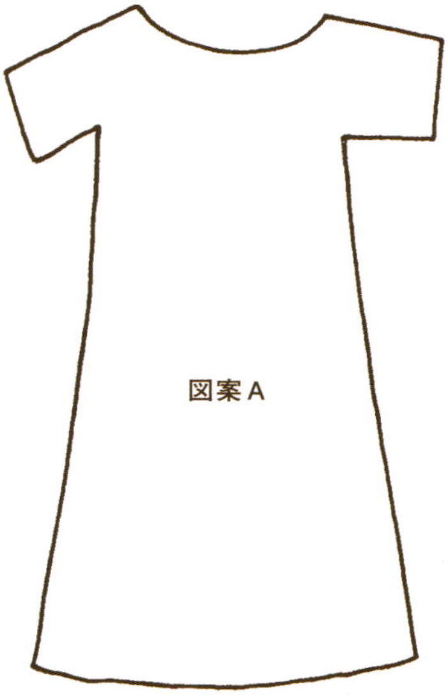

作り方*

1 布を好みの図案の形に切る。
2 **1**を二つ折りにした紙の表紙に貼る。
3 リボンやレースで飾り付ける。
4 スタンプで布の色の名前を押して完成。

point

コピーして切り抜いた図案の紙を布の裏に貼り、その形にそって切るやり方もある。
ワイヤー入りリボンは、片側のワイヤーをひっぱりリボンにしわを寄せると、立体的な形になってワンピースの飾りにぴったり。カードに貼るときは両はしを少し折り返して。

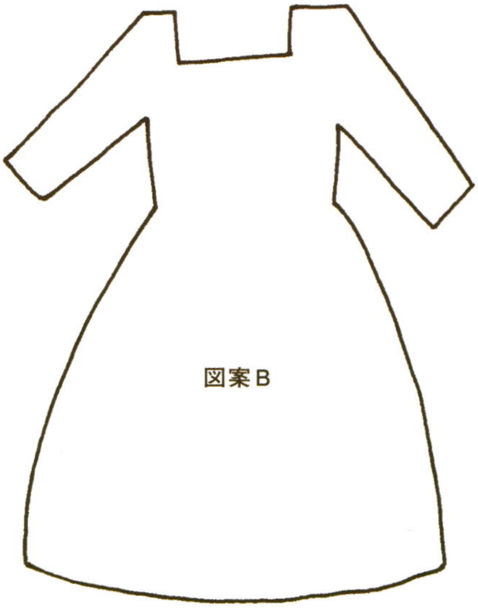

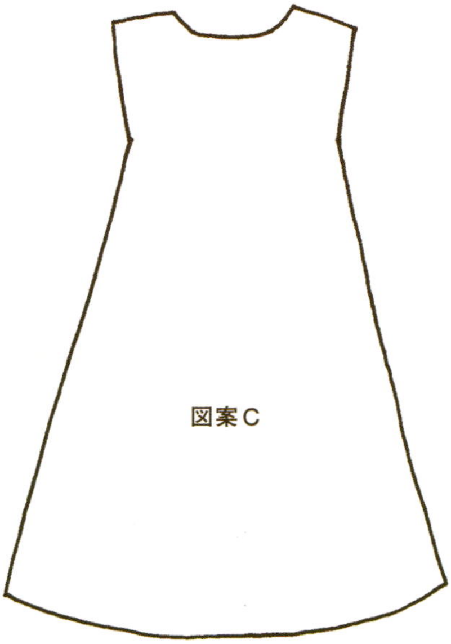

IDEA 19

リボンカーテンの占いカード

いろいろな柄のリボンが、カーテンのようにぶら下がったカード。
見ているだけでも楽しいけれど、実はこれ、
占いになっているんです。好きなリボンを選んでめくって、
今日のお天気や運勢を占いましょう。

材料＊

好きな色の紙
（縦15×横20㎝の二つ折り）
紙と同系色のリボン（6～7種類）
スタンプ（数字、天気、文字）

作り方＊

1 各リボンを9㎝の長さに切り、両はしに両面テープを貼って折り返す。

2 二つ折りにした紙の内側の片面に両面テープを貼り、リボンを並べて貼る。

3 リボンの上に数字のスタンプを1から順番に押す。

4 リボンをめくった下に天気のスタンプを押して（ない場合は手書きで）、カードの左側に「今日のお天気は？」と書きこんで完成。天気の代わりに「LUCKY」などの文字をスタンプし、その日の運勢を占うカードにしても楽しい。

point

幅の違うリボンを、ランダムに並べるとかわいい。リボンの幅によってカードに貼れる本数が変わるので、調整しよう。

IDEA
20

はぎれで作る
型抜きカード Part 1

簡単なのにかわいい、
布のはぎれをつかったカードです。
お気に入りの布で作ったら、
裏にメッセージを書いて
大切な人へ渡しましょう。
同じ型紙で、小さなカードも作れます。

大きなハートのカード

材料*

好きな柄の布
茶色の厚紙

作り方*

1 布を木工用ボンドで厚紙の上に貼る。
2 ボンドが乾いたら図案Aの形に切り抜いて完成。

point

アクセントとして紙テープをホチキスで留めてもかわいい。きれいな色の厚紙がなければ、上に好きな色の紙を貼ってみよう。

3連のハートのカード

材料*

好きな柄の布（2種類）
茶色の厚紙
ひも
穴あけパンチ（穴が小さいもの）

作り方*

1 2種類の布を、木工用ボンドでそれぞれ厚紙の上に貼る。
2 ボンドが乾いたら、50%に縮小した図案Aの形にそれぞれ切り抜く。布を貼っていない厚紙も1枚切り抜く。
3 穴あけパンチで3枚とも穴をあけ、布を貼っていない厚紙を真ん中にしてひもを通したら完成。

point

布を貼らない紙を間にはさむことで、布の柄がぶつからずにかわいく仕上がる。

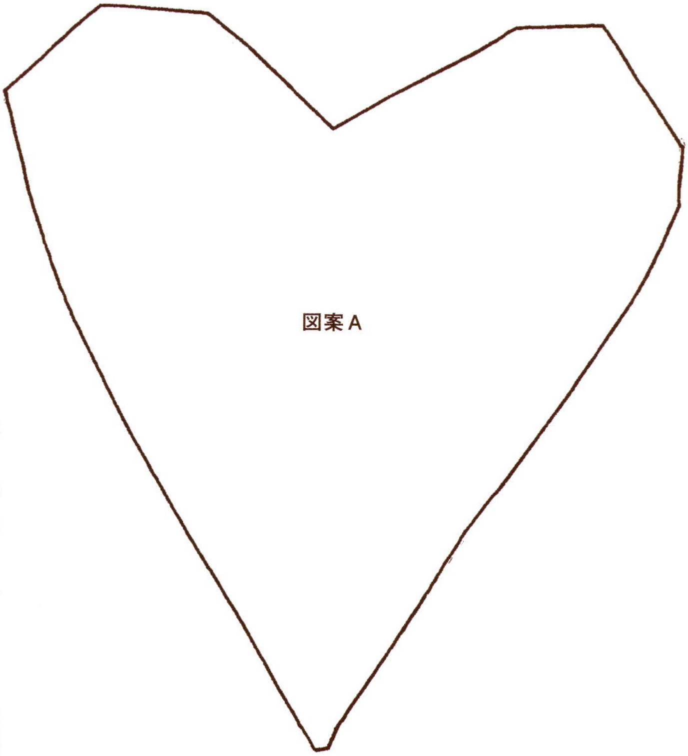

IDEA 21

はぎれで作る
型抜きカード Part 2

p.50の応用編。
「布を貼るだけ」に、ひと手間加えて作ってみましょう。
思わず机に飾りたくなるような、
マスコットカードの誕生です。
小さいけれど、ちゃんと裏にメッセージも書けます。

図1

図2

ペンギンのカード

材料＊

布（白、水色、ストライプ柄）
茶色の厚紙
クラフト紙
キャンバス地の布

作り方＊

1 水色の布を、木工用ボンドで厚紙の上に貼る。
2 1の布を貼った厚紙と、クラフト紙をそれぞれ図案Aの形に切り抜く。
3 白い布をハート型に切り、ペンギンの顔の部分に貼る（写真はもともとハート模様のある布を使用）。
4 キャンバス地の布を手でほぐしてフリンジにしたものを毛にみたてて、厚紙とクラフト紙の間にはさみ、ボンドで留める。
5 ストライプ柄の布を細く切ってたすきを作り、ペンギンの肩にかけてボンドで留める。
6 目を描き入れたら完成（図1参照）。

point

足の部分を短くして、厚紙の茶色をのぞかせるとかわいい。

馬のカード

材料＊

布（グレー、ストライプ柄）
茶色の厚紙
クラフト紙
キャンバス地の布
赤と白のひも
穴あけパンチ（穴が小さいもの）

作り方＊

1 厚紙とクラフト紙をそれぞれ図案Bの形に切り抜く。穴あけパンチで、厚紙に目を作る。
2 ストライプの布を馬の背中にちょうどよい大きさの長方形に切る。
3 キャンバス地の布を手でほぐしてフリンジにしたものと、2の布を、厚紙とクラフト紙の間にはさみ、ボンドで留める。
4 ハート形に切ったグレーの布を、ボンドで3の上に貼る。
5 首にひもをかけて完成（図2参照）。

INTERVIEW>>

布作家
成瀬文子さんにきく

カード作りのコツ★

紙にはないぬくもりを感じる
布をつかったカード

自分がほしい！ と思うものを作る

「couleur」のブランド名でハンドメイドの鞄や雑貨、洋服作りを行ってきた、イラストレーター兼布作家の成瀬文子さん。2007年に洋服ブランド「naruse」を立ち上げ、ますますその活動を広げています。布をつかったモノ作りにこだわり続ける成瀬さんに、布を活かして作るカードのアイデアを教えもらいました。

作品：p.22、24、36、38、40、42、44

布の力を借りて アイデアをふくらます

「紙やパソコン上のデザインも、スタイリッシュでかっこよくて大好きですが、自分らしい表現方法は布のほうがすんなり生まれてくる」という成瀬さん。

ちょっとした文字もししゅうにすると味わいが出たり、イラストを紙ではなく布にプリントしてみるとまったく違う雰囲気になったり、布や糸の素材を少し変えるだけで同じ絵柄が新しい作品に生まれ変わったり。そんな風に素材の力を借りて、もとのアイデアが大きくふくらむところが、布をつかったモノ作りの最大の魅力だといいます。

布を扱うときのポイントは、素材の特性を考えることだそう。「切りっぱなしでもほつれてこないフェルトなら、モチーフの形にそのまま切ってつかってみよう（→p.38、44）とか、ウールのようにほつれやすい素材の場合は、紙で布のはしをかくしてみよう（→p.40）とか。逆にほつれをデザインとして活かしてみるのも面白いかもしれませんね。布にもいろいろな性質のものがあるので、それを活かしながら作ってみるといいと思います」。

作りたいと思ったとき すぐに作れるように

素材の集め方については、「作りたい！という衝動がおこったときにすぐに作れないのははがゆいので、日頃から生地屋さんや問屋街に足を運んでは、気に入った布やレース、ボタンなどを集めるようにしています」と成瀬さん。ウエディングドレスの生地などを置いている専門店で、レースのはぎれなどから探すこともあるそうです。「少しの量だけ買えるので、いろんな種類をたくさん選べるし、複雑な模様の面白い生地があったりしておすすめ」とのこと。

手作りで重要なこと。それは自分がほしいと思うものを作ることだと、成瀬さんはいいます。「そうじゃないと、楽しさは続かないと思うんです。自分がほしい、作ってみたい！ というものがあったら、多少ハードルが高くてもチャレンジしてみてください」。完成が楽しみでわくわくどきどき。その気持ちを大切に作り続ければ、自分の希望通りのものができる日がやってくる、と語る成瀬さんの目は、今日もきらきらと新しい素材を探し求めていることでしょう。

part

3

身近な素材で作る

IDEA
22〜27

花や葉っぱ、お菓子、アルミワイヤーなど、
紙に異なる素材を組みあわせることで
カード作りの幅はぐっと広がります。
作るのが楽しくて、ついつい時間を忘れてしまいそうな
遊び心たっぷりのアイデアを紹介します。

IDEA
22

ワイヤーのフレームカード Part 1

スタンド型カード

材料*

茶色のアルミワイヤー
（太さ1.6㎜/110㎝、太さ1㎜/55㎝を2本）
好きなポストカード

作り方*

1 ねじり留める分を少し残し、図1のように太いワイヤーをペンチで曲げながらフレームの形を作る。
2 **1**の上下に細いワイヤーを巻き付ける（図2参照）。
3 好きなポストカードを細いワイヤーにはさんで完成。

図1

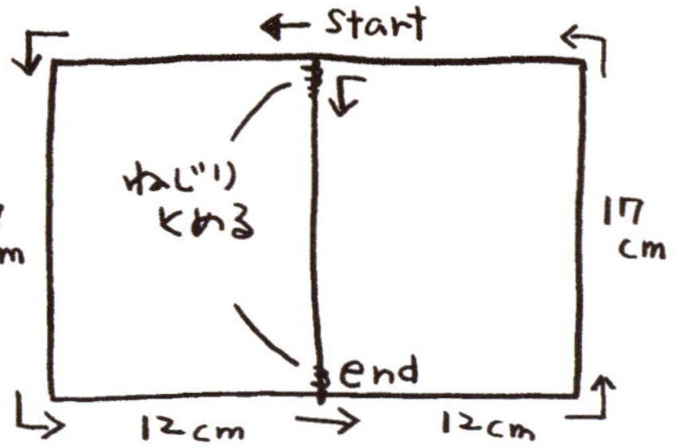

ブランコ型カード

材料*

茶色のアルミワイヤー
（太さ1.6㎜110㎝、太さ1㎜/30㎝を2本）
好きなポストカード

作り方*

1 太いワイヤーをペンチで曲げて、「スタンド型カード」の**1**と同様に、フレームの形を作る（ワイヤーの長さは図3を参照）。
2 **1**を二つに折り、中心のワイヤーが上にくるように置く。二つ折りにした細いワイヤーを、地面から1㎝浮くように中心のワイヤーに巻き付ける（図3参照）。
3 好きなポストカードを細いワイヤーにはさんで完成。

図2

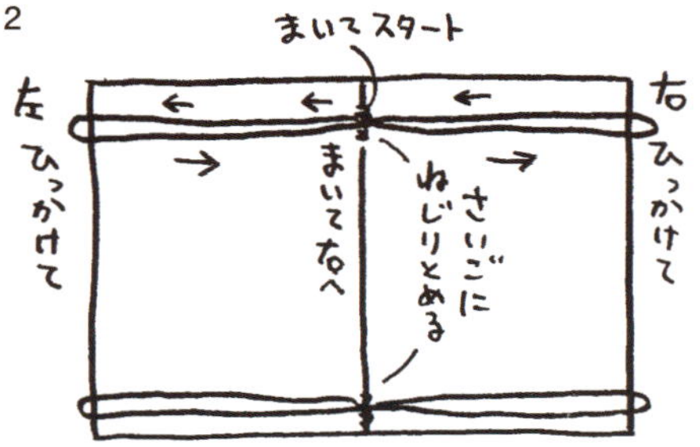

図3

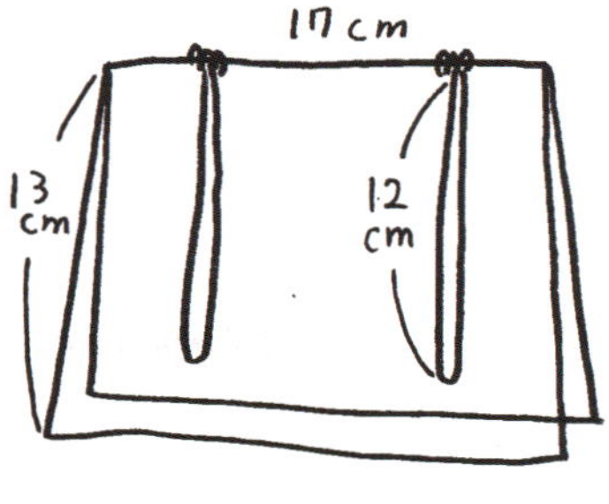

point

ワイヤーが飛び出ているとケガをしやすいので、はしはしっかりとねじり留めよう。
閉じた状態で封筒に入れて渡すとカードを開くときに形がゆがむが、そのほうがワイヤーの風合いが出る。

市販のポストカードに
ひと手間加えて作る、フレーム付きカード。
中のカードを自由にかえられるから
カード立てとしてもつかえて、
プレゼントに喜ばれそう。

IDEA 23

ワイヤーのフレームカード Part 2

ワイヤーをモチーフの形に曲げて
カラフルなビーズを通した、
クリスマスにぴったりの楽しいカード。
お子様といっしょの
カード作りにも向いています。
クリスマスの日よりも少し早めに贈って、
ツリーに飾ってもらいましょう。

図1

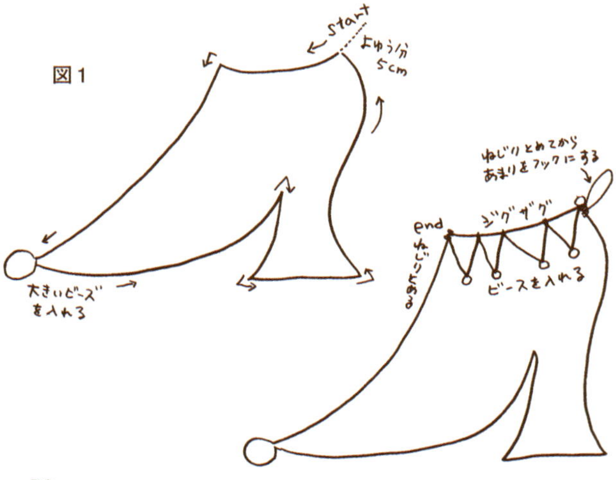

point

1〜3の図を作りたいサイズに拡大コピーして、それにあわせてワイヤーを曲げると形が取りやすい。自分で描いたイラストで作ってみても楽しい。

図2

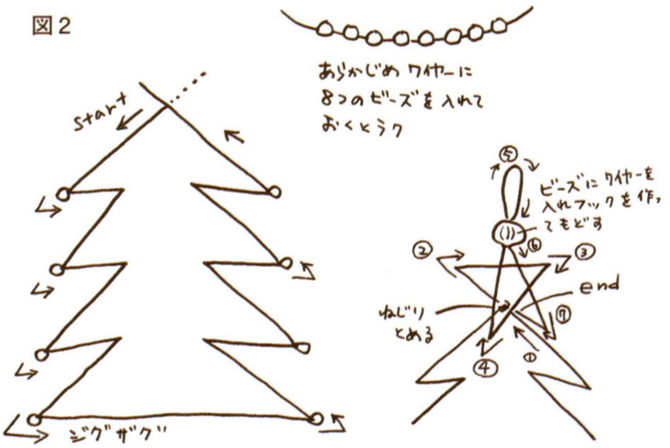

図3

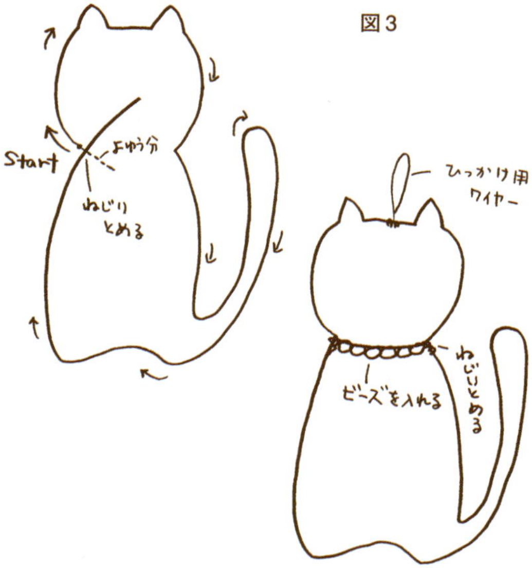

材料＊

茶色のアルミワイヤー（太さ1.6㎜／100㎝）
ビーズ
好きな柄の紙

作り方＊

1 図のように、ビーズを入れながらワイヤーを曲げていく。
2 紙を縦二つ折りにして、ワイヤーのフレームのなかにおさまる大きさに切る。
3 千枚通しなどでカードの上部（中央または両隅）に穴をあけ、ワイヤーを通す。
4 ワイヤーのはしをフレームにひっかけられるようにコの字型にし、反対側はカードの内側で曲げて留める（図4参照）。
5 4を1の中央にぶら下げて完成。

図4

Olive
Viola
Viola

IDEA
24

オーガンジーの押し花カード

花や葉っぱなど、自然の素材が
オーガンジーやチュールから透けて見える、
大人のための美しい押し花カード。
押し花を扱うときは、ピンセットや
ペーパーナイフなどをつかって、
やさしくていねいに。

材料*

好きな色の紙（縦10×横16cmの二つ折り）
白いオーガンジー、またはチュール（縦8.5×横7cm）
季節の植物

作り方*

1 季節の植物で押し花や押し葉を作る。
2 二つ折りにした紙の表紙の中央に木工用ボンドを薄く塗り、**1**を貼る。そばに、植物の名前を書き入れる。
3 **2**の上にオーガンジーかチュールをかぶせ、まわりをミシンで縫い付けて完成。

point

上記のカードのサイズは目安。カードや布は、植物の大きさにあわせてカットするとよい。
オーガンジーは、はしの糸を手でほぐしてフリンジにすると、より風合いが増す。

IDEA
25

アイスの棒の仕掛けカード

くるくるまわるアイスの棒が
階段になったり、
シーソーになったり、
走るねずみの足になったり。
まだまだいろいろな
アイデアが出てきそうな、
遊び心たっぷりの仕掛けカード。
ねずみの顔を自分の写真に
しても楽しいですね。

材料*

好きな色の画用紙
(縦19×横27cmの二つ折り)
アイスの棒(長さ9.5cm程度)
好きな色の糸
ボタン、布、写真など

応援カード

作り方*

1 アイス棒の中心にキリなどで穴をあける。同じものを4本作り、糸と針でカードにゆるみがないように留める。写真のようにジグザグに棒を置き、バランスをみて位置を決めるとよい。
2 ジグザグにした棒の上に走っている人間の身体を描く。最後の人は勢いよくジャンプしている様子に。
3 横にメッセージと、応援している人の身体を描く。
4 すべての人の顔の部分にボタンを貼る。
5 布を三角に切ってメガホンを作り、応援している人の口元に貼る。アイス棒に「STEP UP」「YEAH!」の文字をスタンプして完成。

シーソーのカード

作り方*

1 布を三角に切り、カードの下のほうに貼る。
2 アイス棒の中心にキリなどで穴をあけ、糸と針で布の上に留め、シーソーの形を作る。
3 クレヨンで、シーソーに乗って飛び跳ねている子どもの身体を描き、子どもの顔写真を切り抜いて貼る。
4 子どものメッセージをふきだしの形に切ってカードに貼る。
5 クレヨンでカードのまわりをぐるりとかこみ、アイス棒に「FUN」の文字をスタンプして完成。

ねずみのカード

作り方*

1 図案Aをカードの上のほうに描き写す。アイス棒を下に置いてバランスを見ながら位置を決めるとよい。
2 ねずみの足の部分に大きくうずまきを描く。
3 アイス棒の中心にキリなどで穴をあけ、糸と針でうずまきの中心に留める。
4 左にメッセージを書き、アイス棒に「BUSY」の文字をスタンプして完成。

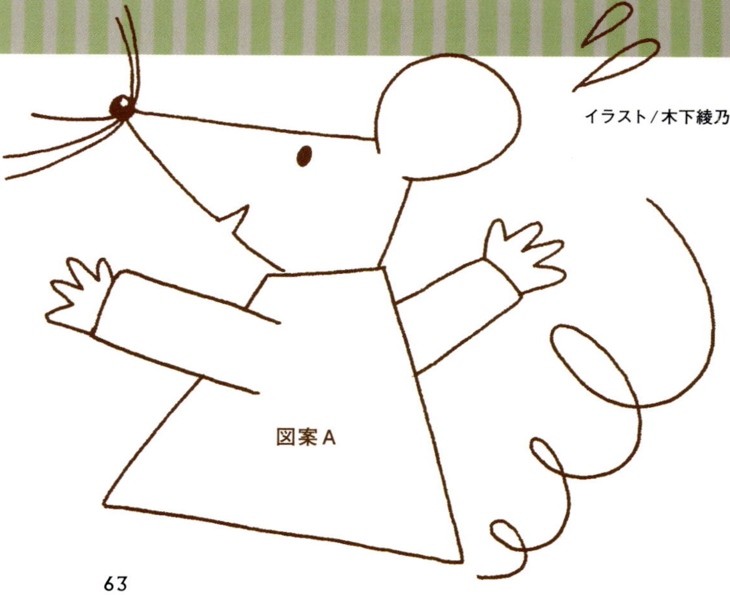

図案A

イラスト／木下綾乃

IDEA 26

お菓子付きお楽しみカード

ぴったりサイズの窓にお菓子をぎゅぎゅっと詰めて、
甘いもの好きの友達に贈りましょう。
見ているだけで楽しくなるような
ポップなお菓子といっしょに、
幸せ気分もおすそわけ。

チョコレートのカード

材料＊

好きな色の紙（2色／A:縦16×横12㎝、B:縦16×横13㎝）
ダンボール（縦15×横10㎝）
チョコレート
カラーマスキングテープ
リボン
ボタン

作り方*

1 お菓子の大きさにあわせてダンボールに窓をあける（図1参照）。
2 色紙A、Bを重ねてホチキスで数か所留め、Bを表に折り返す。ホチキスの部分にマスキングテープを貼る（図2参照）。
3 2のAの面に1のダンボールを両面テープで貼る。窓のなかにお菓子を貼る。
4 3にマスキングテープ、スタンプ、お菓子の包み紙などでコラージュする。
5 リボンにボタンを縫い付け、カードを巻き留めて完成（図3参照）。

point

入れるお菓子は、われやすいものや生ものを避けて選ぼう。個別包装されていればそのまま、むきだしなら図4のようにビニールの袋に詰めてから貼る。お菓子が動かないように、窓をぴったりの大きさに切るのがポイント。

図1

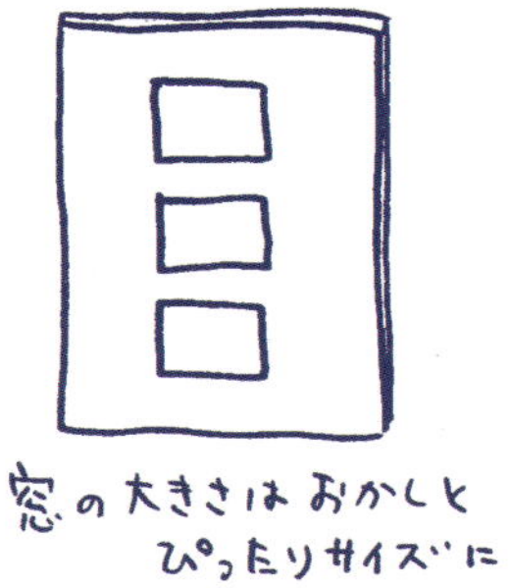
窓の大きさはおかしと
ぴったりサイズに

図2

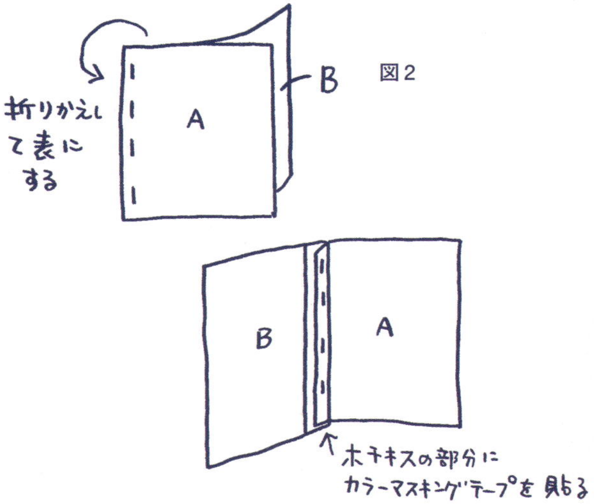
折りかえして表にする
A
B
B
A
ホチキスの部分に
カラーマスキングテープを貼る

図3

リボン
ボタンをつける
折り返して
両面テープでとめる
ボタンに
まきつける

図4

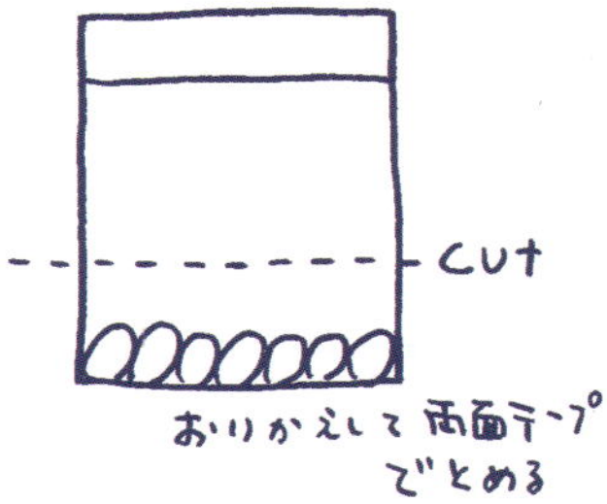
cut
おりかえして両面テープ
でとめる

※ジェリービーンズで作る場合

材料をちょうどいいサイズのビニール袋にすきまなく入れる。袋の余分な部分をカットし、裏に折り返して両面テープで留める（図4参照）。あとは「チョコレートのカード」の作り方と同じ。

HERSHEY'S
MILK CHOCOLATE

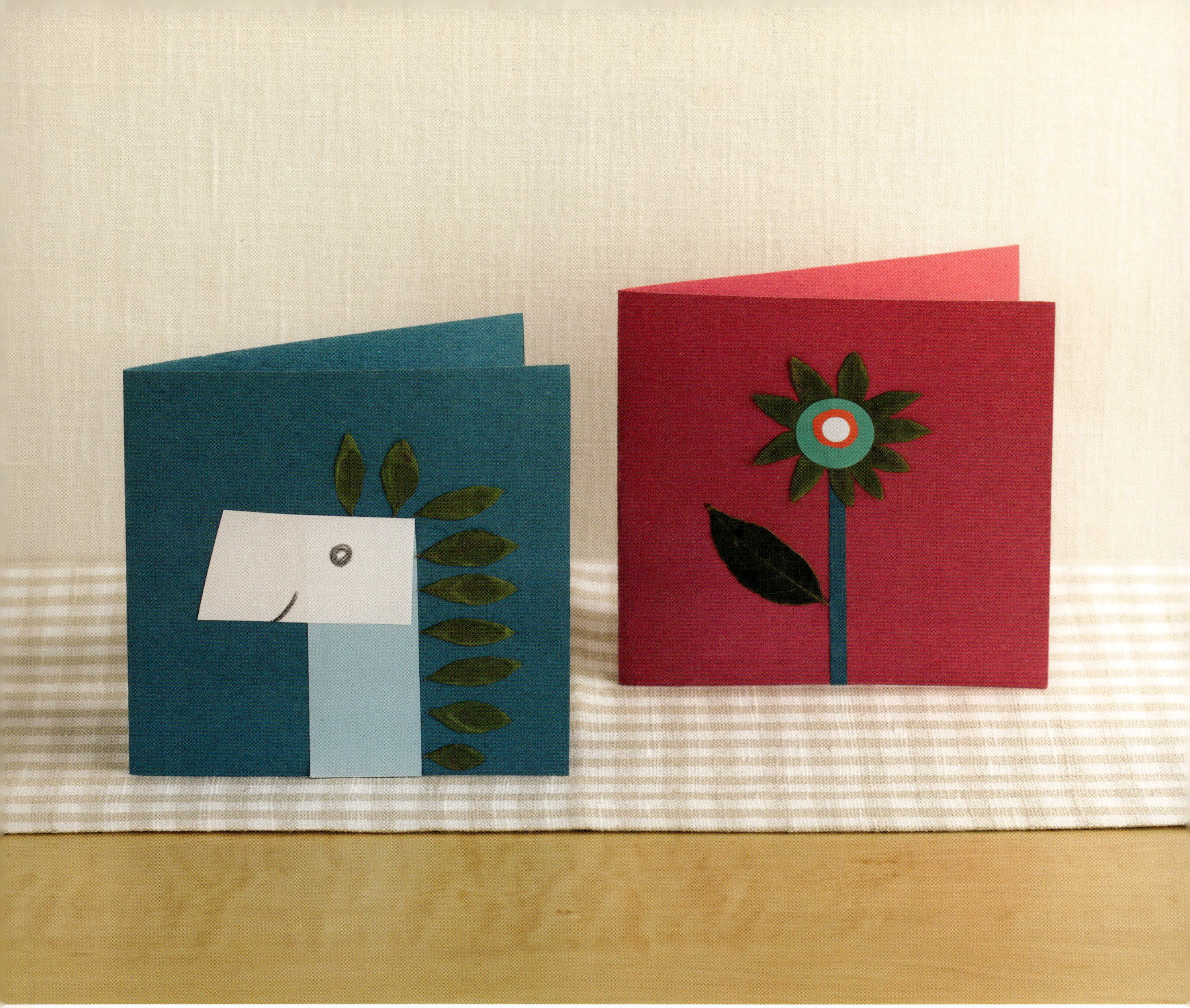

IDEA
27

葉っぱのコラージュカード

本物の葉っぱをつかったカード。
「たった今、散歩の途中で摘んできた
葉っぱで作った」そんな小さな遊び心に、
思わず相手はにっこりしてしまうでしょう。
種のおまけも付ければ、楽しさも倍にふくらみます。

馬のカード

材料＊

緑色の画用紙（縦10×横20㎝の二つ折り）
色紙（白、水色）
葉っぱ（小）

作り方＊

1 図案Aの馬の顔と首の部分を、白と水色の色紙で作る。目と口は鉛筆で描く。
2 1をカードに貼り、小さな葉っぱをボンドでたてがみのように貼る。
3 中面に種袋と育て方のコピーを貼り、メッセージを書いて完成。※

図案A

図案B

花のカード

材料＊

ピンク色の画用紙（縦10×横20㎝の二つ折り）
緑色の画用紙
色紙（赤、白）
緑色の丸シール（直径1.5㎝）
葉っぱ（小、中）

作り方＊

1 丸シールの上に赤と白の色紙を丸く切って貼る。丸シールの裏に、小さな葉っぱを花びらのように貼っていく。
2 緑色の画用紙を細く切って図案Bの茎の部分を作り、カードに貼る。
3 **2**の上に**1**をボンドで貼る。少し大きめの葉っぱを茎の横に貼る。
4 中面に種袋と育て方のコピーを貼り、メッセージを書いて完成。※

※中面の作り方

種の育て方のコピーとメッセージをそれぞれ中面に貼り付ける。色の付いたトレーシングペーパーで小さな封筒を作り、種を入れて、育て方の紙の上にマスキングテープで貼り付ける（図1参照）。

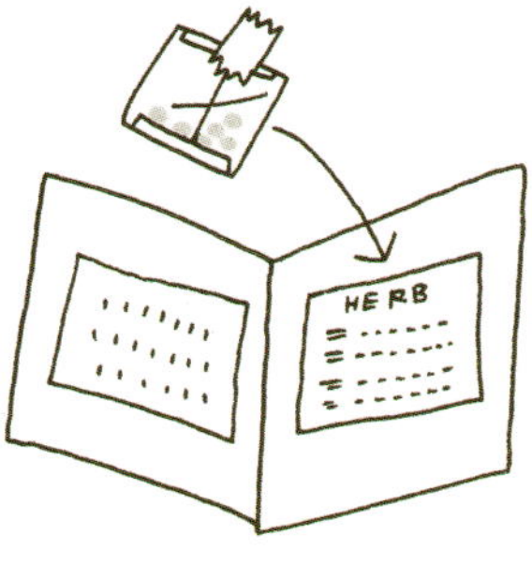

図1

INTERVIEW>>

スタイリスト
渥美友理さんにきく

カード作りのコツ★

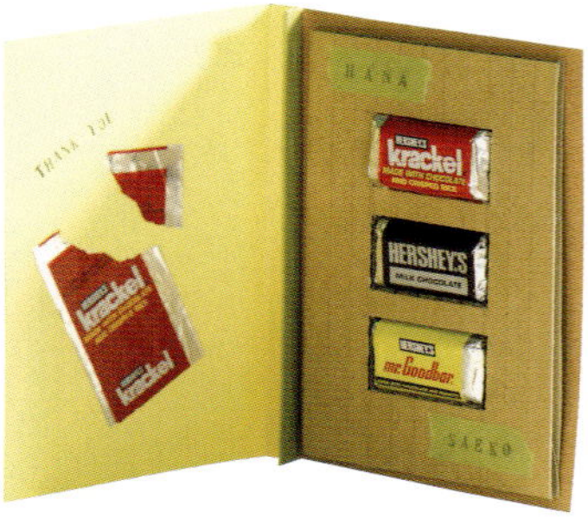

身のまわりにある素材をそのまま
生かした、楽しいアイデア

シンプルでもバランスがいいと、目にすっと入ってくる

インテリア、雑誌、料理のスタイリスト＆ライターとしてテレビや雑誌で活躍中の渥美友理さん。フリーランスになる前は、雑誌編集の仕事に携わり、また英国に滞在してジュエリーデザインやクラフトワークを学んだ時期もあるそう。そんな渥美さんの自由で斬新なアイデアは、おもわず真似したくなるものばかりです。

作品：p.18、19、20、46、48、56、58、60、62、64

相手がカードを見てクスッと笑ってくれたらうれしい

雑貨、インテリア、料理、モデルなどの撮影をするときに、そのシチュエーションやセットを考えて作り上げるのがスタイリストである渥美さんの仕事。場合によっては、撮影するものの雰囲気にあわせて小物を手作りしてしまうこともあるといいます。

「素材、色、形のバランスを考えながら、これとこれを組み合わせるとどうかな、全体として美しく見えるかな、かわいくなるかな、と考えるのは楽しいですよ。作り上げていく最中は産みの苦しみというか、大変なこともあるんですけど、うまくいったときの達成感はいいものです」。

そんな渥美さんの柔軟なセンスから生まれるカードは、遊び心がいっぱい。「贈る相手がカードを見たときにどんな顔をするだろう、クスッと笑ってくれるかな、とよく想像しながら作ります」という言葉通り、見ているだけで楽しい気持ちになるものばかりです。

市販のカードでも面白いと思ったら買っておいて、手を加えてつかうこともあるそう。「たとえば、何でもない動物や人の写真のカードに、ふきだしを付けてジョークやメッセージを書くだけでも、クスッと笑えるものになったりします」。

手間ひまかけて作るなら、楽しくなくちゃ意味がない

ちょっとした工夫でおしゃれに見せるポイントは、“バランスのよさ”だと渥美さん。「形のバランス、色のバランス、量のバランス。バランスが悪いと、見た目にもすっきりしません。シンプルでもバランスがいいと目にすっと入ってくるというか、引きつけられるものになると思います」。

素材については、「すべてとはいいませんが、お菓子の包み紙や、もらったDM、ジュースのビンなど、ちょっと気になったらポイ捨てはしません」とのこと。

また、あまり几帳面にこうしなきゃと思わず、気楽にやることが大切だといいます。「多少のゆがみや失敗は味。市販のかわいいものはたくさんあるのですから、手間ひまかけて作るなら、楽しくなくちゃ」。

その場その場にあわせて臨機応変に頭をつかい、面白がって作る。そんなスタイルだからこそ、新しいアイデアが次々と生まれるのでしょう。

part

4

はんこで作る

IDEA

28～32

消しゴムはんこで作る、簡単でかわいいカードのアイデア。
一度作れば何度でもつかえるから、
インクの色や押し方を変えて
いろいろなカードを作ってみましょう。

消しゴムはんこの作り方

身近な材料で誰でも簡単に作れるのが、
消しゴムはんこの人気の理由。
はんこ作りのプロ、こまけいこさん（→p.83）に、
作り方のコツをききました。
やったことがある人も、はじめての人も、
さっそく消しゴムを手に取ってチャレンジしてみましょう。
はんこ専用のものも売っていますが、
普通の消しゴムでもOKです。

つかう材料と道具

- 消しゴム
- トレーシングペーパー
- 鉛筆またはシャープペンシル
- カッター
- デザインカッター
- カッティングマット
- インク（布用や油性のものもある）

1 図案の上にトレーシングペーパーを置き、鉛筆かシャープペンシルで正確に写す。黒い部分があれば塗りつぶす。

2 写した面を下にして消しゴムの上に置き、爪でこすって形を転写する。

3 写し残しがないか確認する。

4 写した形の2㎜くらい外側をカッターで切り取る。

5 輪郭の外側にそって、カッターで切れこみを入れる。写真のように、刃を外に向けて斜めに入れるのがポイント。

↓

6 5の切れこみとV字になるようにカッターを入れ、まわりの消しゴムを取り除いていく。

↓

7 消しゴムの余分なところをカッターで切り落とす。

↓

8 彫り残しがないかどうか、インクを付けてチェックし、形を微調整する。

完成。

【はんこの押し方】

はんこの基本的な押し方と、
色を重ねる場合の方法を紹介します。

基本の押し方

はんこを上に向け、インクをたたくようにして付ける。

押したい場所にはんこを置き、均等に力がかかるよう指で押さえる。大きなはんこなら両手をつかうとよい。

重ねる押し方

輪郭のはんこを押す。

模様のはんこに別の色のインクを付けて、重ねて押す。

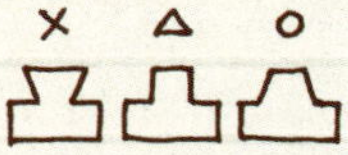

point

横から見たときに、断面が台形になるように彫ることが、丈夫な版を作るコツ。

IDEA
28

しおり付きノート型カード

タグ型のしおりがおまけに付いた、ノートの形のカード。
どんな人にも贈りやすいシンプルなデザインです。
はんこやマスキングテープの色は、相手のイメージにあわせて
選んでみても楽しいですね。

材料＊

白い画用紙（縦15.5×横21cmの二つ折り）
厚手のクラフト紙
リネンひも（35cm）
緑色のマスキングテープ（写真は柄付き）
消しゴム
紙用インク（紺色、水色、黄緑色）
穴あけパンチ（穴が小さいもの）

作り方＊

1 図案A（ラベル）、B（ライン）、C（クローバー）の消しゴムはんこを作る。
2 画用紙の角を丸くカットする。表裏の背にそってマスキングテープを貼る。
3 **2**の表紙に**1**のはんこをそれぞれ押す。
4 クラフト紙を図案Dの形に切り、ラインのはんこを2回押す。穴あけパンチで穴をあける。
5 **4**の穴にリネンひもを通す。カードの背にひもをかけて結んで完成。

point

罫の入った紙をカードのサイズに切って間に2、3枚差しこむと、本物のノートのようになる。メッセージをたくさん書きたいときにおすすめ。ページの紙がずれないように、背の部分をホチキスで留めるときれいに仕上がる。

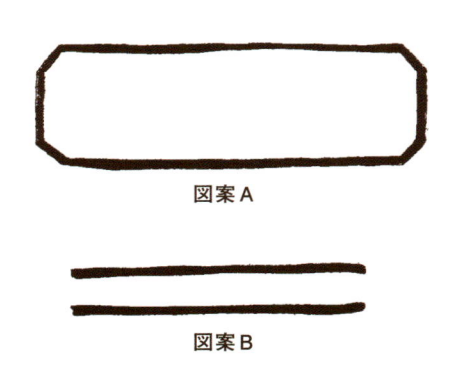

図案A

図案B

図案C

図案D

▶セットの封筒の作り方はp.84で紹介。

IDEA 29

はんこ文字のレースペーパーカード

文字のはんこは、一度作ればいろいろなつかい道があるから
とっても便利。はんこを作るのははじめて、という方は
簡単な文字から挑戦してみてください。
カードに柄のある紙をつかうと、トレーシングペーパーの
下に透けて見えてかわいく仕上がります。

材料＊

好きな色の紙（縦21×横15cmの縦二つ折り）
トレーシングペーパー（厚手のもの）
消しゴム
茶色の油性インク
穴あけパンチ（穴が小さなもの）

作り方＊

1 トレーシングペーパーを二つ折りにする。輪の部分を点線にそろえて図案Aに重ね、形を写し取る。
2 写した形の通りに切り抜き、写真のようにふちにパンチで穴をあける。
3 カードの背にカットしたトレーシングペーパーを重ねて、折り目をミシンで縫う。
4 図案B～Dの好きな文字ではんこを作り、トレーシングペーパーの上に押して完成。

point

穴の小さなパンチがなければ、p.76の図案Aのはんこを、穴の位置に押してもかわいい。

図案B

図案C

図案D

輪

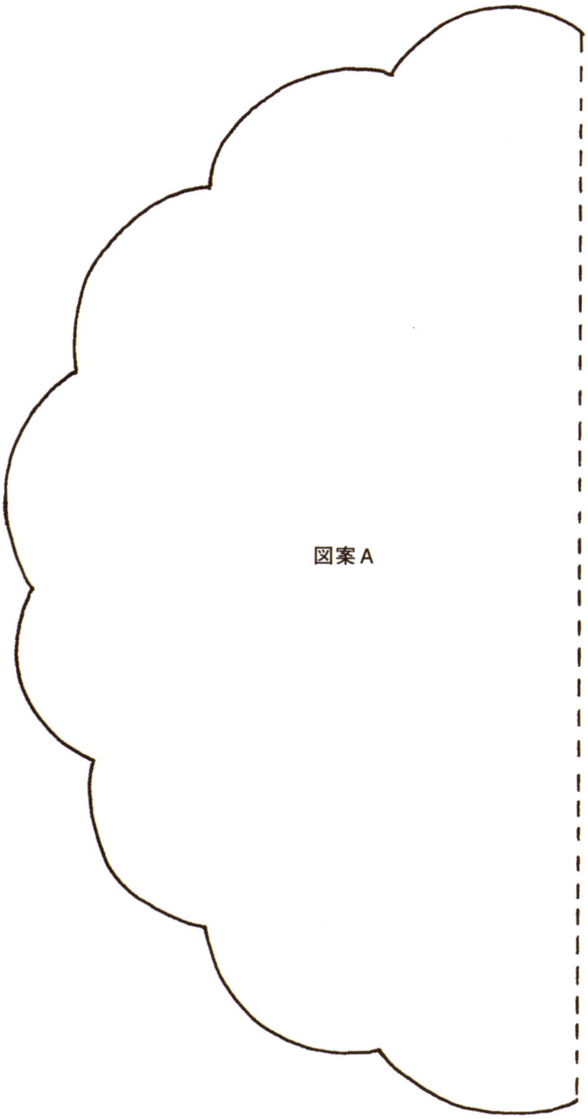

図案A

LOVE

IDEA 30

小さなハートの
バレンタインカード

小さなハートをたくさん並べて
「LOVE」の文字をかたどった、
手のひらサイズのキュートなカード。
バレンタインの日に
チョコレートの箱にしのばせて、
「好き」の気持ちを伝えましょう。

材料*

赤い画用紙（縦11.2×横10.5㎝の縦二つ折り）
生成りの布（縦2.5×横7.5㎝）
消しゴム
白い紙用インク
赤い布用インク

作り方*

1 図案A（ドット）、B（ハート）の消しゴムはんこを作る。
2 布にハートのはんこを並べて押して「LOVE」の文字を書く。
3 布の裏に両面テープを貼り、画用紙に貼り付ける。
4 余白にドットのはんこをランダムに押して完成。

point

はんこが乾いたら布にアイロンをかけると、インクが定着する。

図案A

図案B

▶セットの封筒の作り方はp.85で紹介。

IDEA
31

つばめ切手の郵便カード

つばめのはんこをどんな風に押そうかな、
と考えるのが楽しいカード。
はんこを押すだけで簡単にできるから、
たくさん作って、ひっこしのお知らせや
季節のごあいさつなどにもつかえます。

point

消印のはんこには、その年の数字を入れよう。数字の代わりに別の文字を入れると、繰り返しつかえて便利。

材料*

パステル調の紙（縦10×横15㎝）
消しゴム
好きな色の紙用インク

作り方*

1 図案A（つばめ）、B（切手）、C（消印）の消しゴムはんこを作る。
2 切手のはんこをカードの右上に押し、つばめのはんこを切手の中に入るように押す。
3 消印のはんこを、切手のはんこの上に少し重ねて押す。
4 あいたスペースに、つばめのはんこを自由に押して完成。

図案A

図案B

図案C

IDEA 32

カラフルなカップのアレンジカード

はんこを重ねて押して作る、技ありのカード。
柄の並べ方や、色のつかい方は自由自在です。
赤、青、緑など、カラフルなインクをつかって作りましょう。
同じはんこをつかった、
さまざまなアレンジの方法も紹介します。

図案A

図案B

図案C

図案D

図案E

図案F

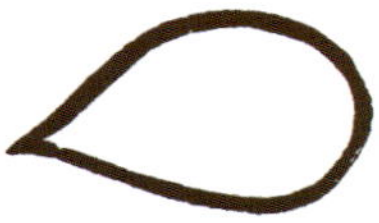

図案G

図案H

図案I

図案J

カラフルなカップのカード

材料＊

白い画用紙
（縦14×横15.5㎝の縦二つ折り）
消しゴム
好きな色の紙用インク

作り方＊

1 図案A（カップのふち）、B～F（カップの柄）、G（ふきだし）の消しゴムはんこを作る。
2 カードにカップのふちのはんこを並べて押す。
3 カップの柄のはんこを重ねて押す。
4 ふきだしのはんこをカップの上に押して完成。

point

はんこの数や柄はお好みで。
カップをまっすぐ並べずに、表紙全体にランダムに散らして押してもかわいい。

カップのミニカード

材料＊

ベージュ、または茶色の画用紙
（縦10×横15㎝の二つ折り）
消しゴム
茶、または白の紙用インク

作り方＊

1 図案HもしくはI（文字）、J（コーヒー豆）の消しゴムはんこを作る。
2 「カラフルなカップのカード」の好みのはんこをカードに押す。
3 1で作った文字のはんこを好みで押す。
4 コーヒー豆のはんこを好きな場所に押して完成。

カップのはんこをつかった、簡単でかわいいアレンジのしかたを紹介します。
「この封筒、ちょっと味気ないな」
「友達に何か手作りのものをプレゼントしたい」
そんなとき、消しゴムはんこは大活躍。
ポンと押すだけで、あっというまに自分だけのオリジナル商品に！
カード作りの合間に、ぜひチャレンジしてみてください。

アレンジ 1

【ハンカチ】

市販のハンカチに布用インクではんこを押す。
ハンカチだけでなく、手ぬぐいや布製のバッグなど
何にでもポンポン押して、オリジナルグッズを作ろう。
プレゼントにも最適。

point

大きな面積の布に押す場合は、型紙を拡大コピーして大きめのはんこを作るのも、ひとつの方法。

アレンジ 2

【タグ】

市販のタグに紙用インクではんこを押して、ひもを付ける。
写真はp.75の図案Dの文字はんこも使用。
ちょっとした手紙や荷物を贈るときのおまけに。

point

カップのふち（図案A）のはんこをつかわずに、カップの柄（図案B）だけを押してもかわいい。

アレンジ 3

【紙袋】

蝋引きの袋に油性インクではんこを押す。
インクが付きにくい紙だからこそ、かすれ具合がかわいい。
「ほしい〜！」と友達から声が上がりそうな、
とっておきの袋に。

point

カップや文字を水平に並べる、角度を変えてランダムに並べる、といった押し方の違いでも印象は変わるので、いろいろ試してみよう。

雑貨クリエイター
こまけいこさんにきく

INTERVIEW>>

カード作りのコツ★

アレンジ自在のかわいいはんこは、一度作ればカード作りに大活躍

あとひとつ押したいところをやめておく、それぐらいがちょうどいい

デザイナー、イラストレーターを経て、2000年より消しゴムはんこをつかった雑貨制作などを中心に活動する、こまけいこさん。今後、消しゴムはんこをさらに多方面のコミュニケーションツールとして広げていく予定だそう。そんなこまさんから、消しゴムはんこで作る簡単で楽しいカードのアイデアをいただきました。

作品：p.72、74、76、78、80、84、85

つかい方のアイデアは無限大

身近にあるさまざまな「かわいい形」を題材にした消しゴムはんこで人気のこまさん。「ギフト」を贈るのが好きで、それには必ず手作りのものを添えるといいます。

「心のこもったギフトは、そこに手のぬくもりや気持ちを感じられるものだと思います」。それは手書きの文字だったり、手作りのはんこだったり。遠くにいる友人に今の自分を伝えるために、手紙やカードを贈るのだそう。

消しゴムはんこの魅力は、ひとつ作ればいろいろなつかい方ができること。「色を変えて押したり、連続して押したり。つかい方のアイデアは無限大です。あと、はんこをおしゃれにつかうためには、あえて色数を少なくしたり、押し方もあとひとつ押したいところをやめておく、それぐらいがちょうどよかったりもします」。

紙以外の素材に押してみるのもおすすめだそうです。「インクの種類を変えて、布や木製品、革、ガラスなど、いろいろと試してみてください。オリジナルの雑貨が簡単に作れますよ」。

絵に描いて、はんこにする。とっても単純だけど楽しい

「同じ図案でも、そこに彫る人の手が加わるので同じものにはなりません。あとは図案をヒントに、これをプラスしようなどとアレンジしていくと、オリジナルのはんこもできると思います」。

消しゴムはんこをもっと作ってみたいと思ったら、あまり難しく考えず、身のまわりのものやこんなはんこがあったらいいなと思うものを気楽に描いて、それをはんこにしてみましょう、とこまさん。「とっても単純ですが、楽しいですよ」

はんこを彫っているとき、こまさんは自分自身と向きあい、無心になれるといいます。「思いついたらすぐに作れるのも魅力のひとつ。はんこが彫りあがってからも、押すときに色を選んだり、押し方を考えたり。ひとつのはんこを作るたびに、いくつもの面白さや発見があるんですよ」

思い立ったらすぐに手を動かして作る。こまさんにとって、はんこ作りは少しも面倒なことではなく、生活の一部となっているのです。

封筒にもひと工夫

なかのカードが素敵にできたら、せっかくだから封筒にもこだわりましょう。
封筒作りは面倒くさそう、なんて思っている人のために、
とっても簡単でおしゃれなアイデアを紹介します。

point

郵送する場合はシールを貼るまえにしっかり封をしよう。また、粘着部分が小さいと取れやすいので、大きめの丸シールをつかうとよい。

IDEA
33

ラベルはんこの
書類封筒

p.72で作った
「しおり付きノート型カード」と
セットの封筒。同じはんこでも、
つかい方を変えれば
ワンパターンにならずに、
こんなにかわいい。

材料＊

市販の茶封筒（縦15.5×横10.5㎝のカードが入るもの）
オレンジ色の丸シール
赤と青と白の3色ひも
消しゴムはんこ(→p.72)
紙用インク（紺、茶色、黄緑）

作り方＊

1 茶封筒の表にクローバーのはんこを押す。
2 裏にラベルとラインのはんこを押す。
3 カードを入れたら、クロスさせたひもの両はしに丸シールを付けて貼り、封をする。

IDEA 34

小さなハートの布製封筒

p.76の「小さなハートのバレンタインカード」とセットでつかえる布製の封筒。
開封するときは赤い糸を引き抜いて。

作り方*

1 布を二つ折りにし、両わきを白い普通のミシン糸で縫う。
2 ハートのはんこをライン状に押していく。裏にも押す。
3 カードを入れたら赤い糸でふちを並縫いし、封をする。

材料*

生成りの布
(二つ折りにしてカードがおさまるサイズ)※
赤い糸
消しゴムはんこ (→p.76)
赤い布用インク

※定形外郵便物として送ることができるサイズには決まりがあるので注意 (→p.94)。

point

郵送する場合は、切手がはがれないように木工用ボンドなどでしっかり留めて。カードに宛名のインクが染みるといけないので、封をするまえに、裏に厚紙などをあててから書こう。宛名シールをつかうのもおすすめ。

※郵送する場合はシールがはがれにくくないか確認を。また、小さなものを入れると失くしてしまうおそれがあるので避けよう。

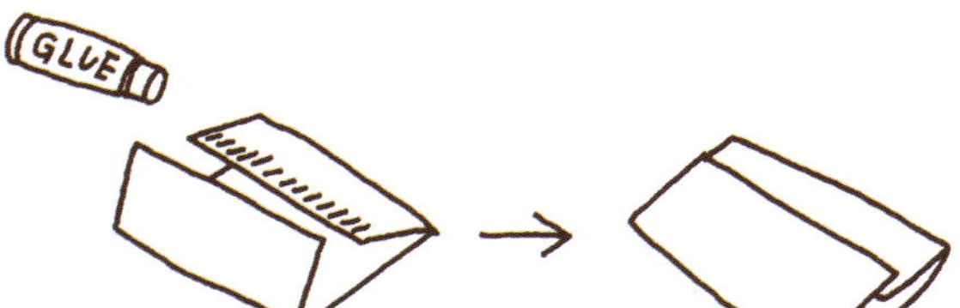

図1

IDEA 35

折るだけ封筒

p.12の「カレンダーのコラージュカード」とセットで紹介している封筒。
つかう紙を変えれば、
どんなカードにもあわせられる、
簡単でおしゃれなアイデアです。

二つ折り封筒（写真中央）

材料*

好きな紙（二つ折りにしてカードがおさまるサイズ）
シール
宛名シール

作り方*

1 紙を二つ折りにする。
2 宛名シールを貼る。
3 カードを入れたら、上と両わきをシールで留める。

三つ折り封筒（写真上と下）

材料*

好きな紙（三つ折りにしてのりしろを2㎝取り、カードがおさまるサイズ）
シール
宛名シール

作り方*

1 紙を三つ折りにして、裏でのり付けする（図1参照）。
2 宛名シールを貼る。
3 カードを入れたら、両わきをシールで留める。

point

包装紙などの紙をつかってもかわいい。紙がシンプルなら、好みで文字スタンプを押してみよう。透ける紙をつかう場合は、好きな柄の布をカラーコピーして半分に折り、なかに入れると中身が見えない。

小さなサプライズを閉じこめた
楽しいカードのアイデア

イラストレーター
木下綾乃さんにきく

INTERVIEW>>

カード作りのコツ★

色選びに迷ったら、好きな国旗を思い浮かべて

手紙好きのためのスケジュール帳「ふみ手帳」や、手紙文具「pigeon gram」のプロデュースを手がけるイラストレーターの木下綾乃さん。プライベートでもよく手紙を書くという木下さんの、おしゃれでかわいいアイデアはあこがれ。特別な日にあげたい、遊び心たっぷりのカードを紹介してもらいました。

作品：p.12、14、16、50、52、66、86

お祝いの気持ちをこめて仕掛けを考えるのが楽しい

普段から手紙を書くことが好きだという木下さん。「メールや電話はタイミングや言葉に気をつかいますよね。そこを間違えると、伝えたい気持ちがうまく伝わらないような気がして、私はゆっくりでもいいので手紙やカードを書くようにしています。手紙ならタイミングを逃しても、つたない文章でも、気持ちがちゃんと届く気がするんです」。

そんな木下さんの作るカードには、どれもちょっとした“仕掛け”のアイデアがかくされています。「小さなころから絵本でもカードでも、仕掛けのあるものが好きでした。めくると何かが出てくるとか、引っ張ると動くとか。ハトメやトレーシングペーパーなどの素材を眺めていると、自然にアイデアがわいてきます」。お祝いの気持ちをこめて仕掛けを考えるのが楽しい、と木下さんはいいます。

見慣れた場所を素材探しの目で見まわして

自分で作るとなかなかおしゃれにできない、そんな人へ。「色選びに迷ったら、12色セットの色鉛筆にあるような原色を2、3色組みあわせてみてください」。好きなデザインの国旗を思い浮かべて、その色の組みあわせをつかうのも簡単な方法だそう。「コラージュ（→p.12）の場合、ベースの色に対して同系色の面積を大きく、ビビッドな色の面積は小さめにするといいと思います。あと敬遠されがちかもしれませんが、黒ベースの印刷物は作品が締まってかっこよくなりますよ」。素材は、紙に布や葉っぱなどの異素材を組みあわせると印象が変わるのでおすすめ、とのこと。

「私は素材を海外で集めるのが好きですが、日本でも文房具店やセレクトショップ、輸入文房具店などにいくと面白いものがいろいろあります。あとは身近にあるものでも十分作れると思いますよ」。実家の押し入れに眠っている古い包装紙や切手、古雑誌、仕事場にある事務用の大きな茶封筒や、救急用のメディカルテープなどをつかうこともあるそう。

身のまわりにあるものをパッとおしゃれな素材に変えて、サッと手作りしてしまう木下さんのカードを見ていると、思わず「できそう！ やってみたい！」という気持ちにさせられます。

カードをつかったラッピング

プレゼントに添えるカードはおまけのようになりがち。
でもせっかく手作りしたら、目の前で見て喜んでもらいたいですよね。
プレゼントもカードも主役にする、ラッピング術を紹介します。

IDEA
36

オーソドックスな
キャラメル包み

少ない紙でできる、オーソドックスな包み方。
斜めにかけたリボンにカードをはさみます。
インパクトのあるカードなら、
シンプルな紙とリボンでも十分かわいい。

材料＊

ラッピング用の紙
リボン
カード
箱に入ったプレゼント

point

リボンを結ぶときは**8**のように箱の角をつかうと、ゆるまずしっかり結べる。**9**で輪を作るときは、交差したところを指で押さえながら結ぶとよい。結び目は最後に好みの位置にずらす。

作り方＊

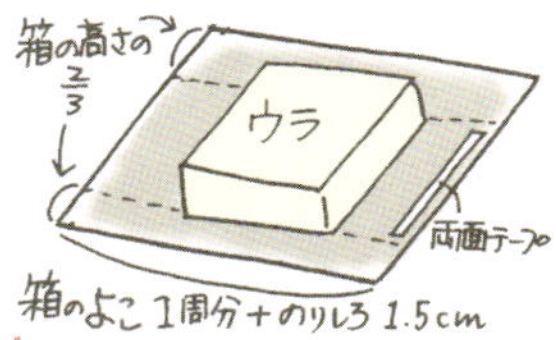

1

図のように箱のサイズにあわせて紙を切り、中央に箱を置く。

2

箱を包んで両面テープで貼りあわせる。

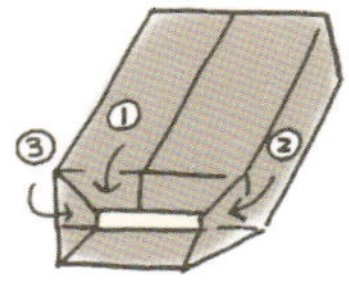

3

上と左右の紙を箱の側面に折りこむ。

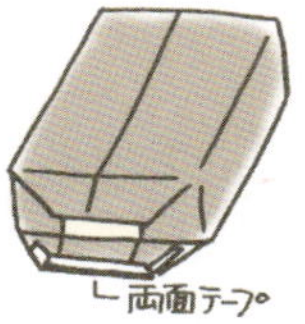

4

あわせ目が側面の中央にくるように下の紙のはしを折って調整し、両面テープを貼る。

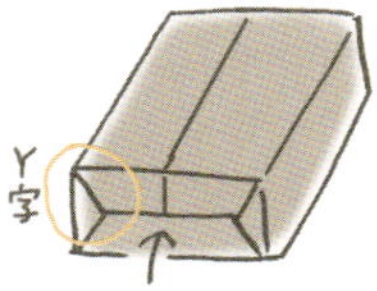

5

下の紙を折ってきれいなY字を作る。反対側も同様にして、キャラメル包みの完成。

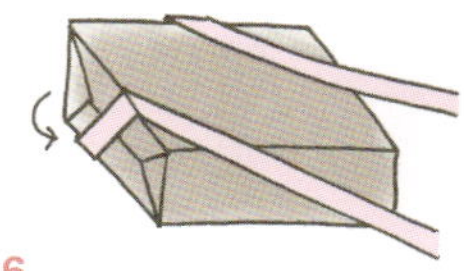

6

箱を表に返し、**5**のあわせ目が横にくるように置く。箱の左奥の角にリボンをかける。

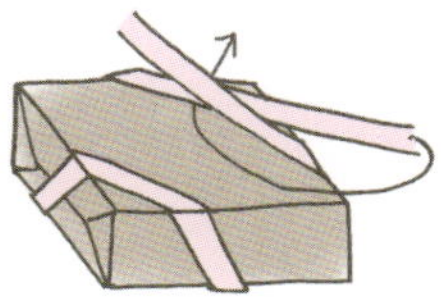

7

右手前の角の下をくぐらせてスタート地点に戻り、右奥の角で矢印のように結ぶ。

8

結び目を箱の角に持っていき、ぎゅっと締める。

9

左に出ているリボンで輪を作り、右のリボンを上から手前にかぶせる。

10

輪のうしろにまわして、矢印のように通す。

11

左右の輪が同じ大きさになるように調整しながらひっぱる。

12

余分なリボンを切って、結び目の位置を調整する。カードをリボンにはさんで完成。

IDEA 37

カードをはさんだ スクエア包み

材料*

ラッピング用の紙
リボン（2色）
カード
箱に入ったプレゼント

タックを入れた紙で包んで、
すきまにカードをはさむ、ちょっと技ありの包み方。
細いリボンをつかう場合は、2本いっしょに
結んでから左右に広げると華やかです。

point

両面テープで紙を貼りあわせるときは、剥離紙を一度にはがすのではなく、少しずつはがしながら、その部分を指で押さえていくようにすると失敗が少ない。

作り方*

1
図のように紙にタックを入れる。

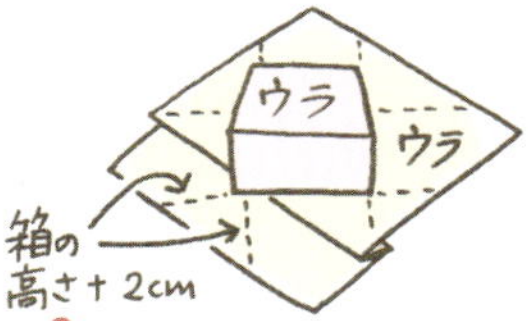

2
紙を裏返し、中央に箱を置き、図のように箱のサイズにあわせて紙を切る。

3
手前から順に紙を箱にかぶせる。角の余った紙は内側に折りこみ、きれいに仕上げる。

4
紙のふちが箱の対角線上をさすように内側に折りこみ、両面テープで留める。

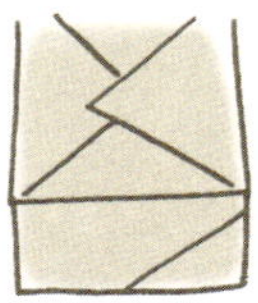

5
反対側も同様にして留める。

6
向こう側の紙を持ち上げ、両わきの角を内側にきれいに折りこむ。紙のはしを折って両面テープを貼る。

7
箱にかぶせて留めて、スクエア包みの完成。

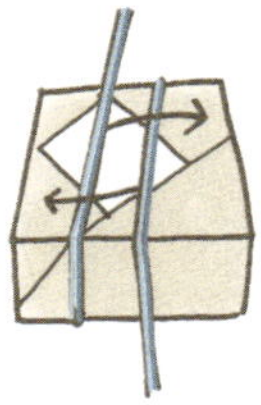

8
箱を表に返してタックにカードを差しこむ。リボンをかけて、結びたい位置で矢印のように交差させる。

9
左側のリボンを箱の下に通して一周させる。

10
右側のリボンを矢印のようにくぐらせる。

11
斜めにひっぱる。

12
p.88と同様にリボンを結ぶ。2本のリボンを広げて完成。

IDEA 38

帯付きボトル包み

簡単で、どんな形にも応用できる包み方。
1枚の紙で包むこともできますが、
タックを入れた別の紙を帯のようにかけると
より改まった雰囲気になります。
リボンにカードを通して結んで
うんとかわいく、ゴージャスに。

材料＊

ラッピング用の紙（2種類）
リボン
カード
ボトルのプレゼント

point

肩の部分が張っているボトルほど、包んだときに立体的な形となるのでおすすめ。
紙はやわらかい材質のものを選ぶと包みやすい。

作り方＊

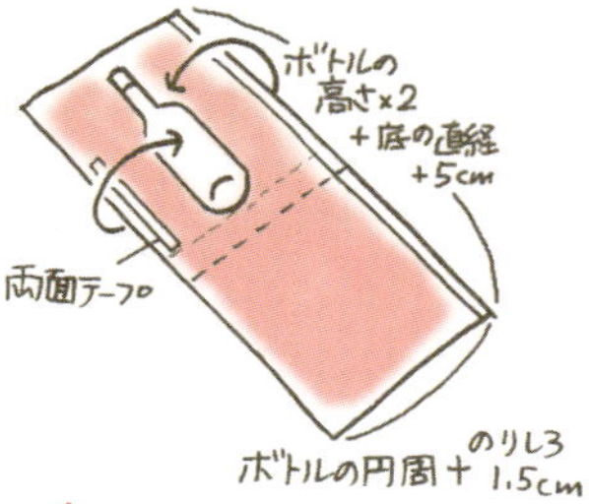

1
図のようにボトルのサイズにあわせて紙を切り、ボトルを置く。

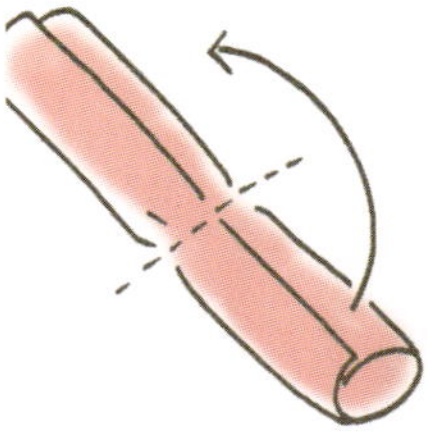

2
ボトルに紙を巻き両面テープで留める。ボトルの底の部分を手で押さえながら、下に余った紙をおこす。

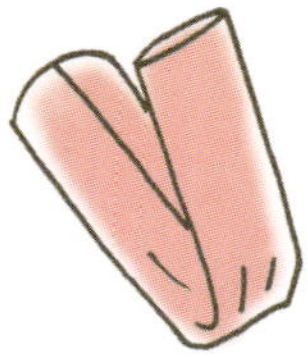

3
横幅をあわせながら紙をボトルにかぶせる。紙の両はしがそろうように、ボトルの位置を調整する。

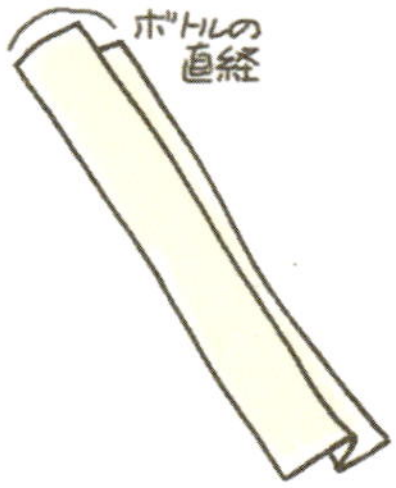

4
別の紙を、ボトルを包んだ紙と同じ長さの帯状に切って、タックを入れる。

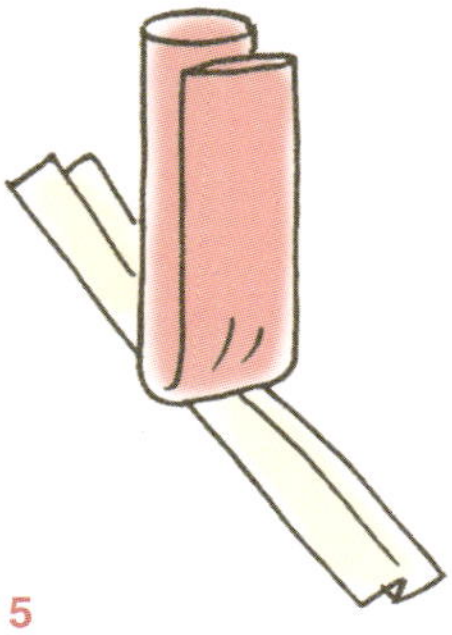

5
4の中央に**3**を乗せる。

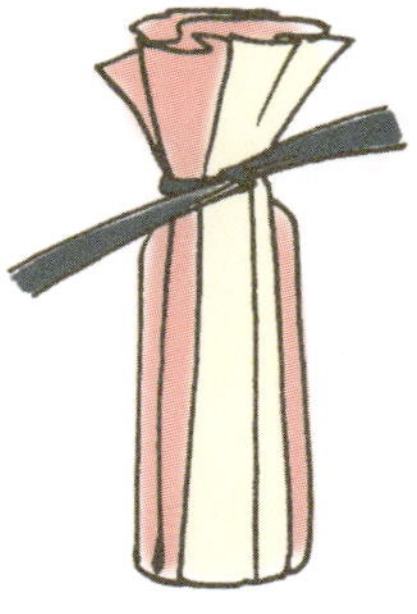

6
ボトルの首の位置でリボンをかける。

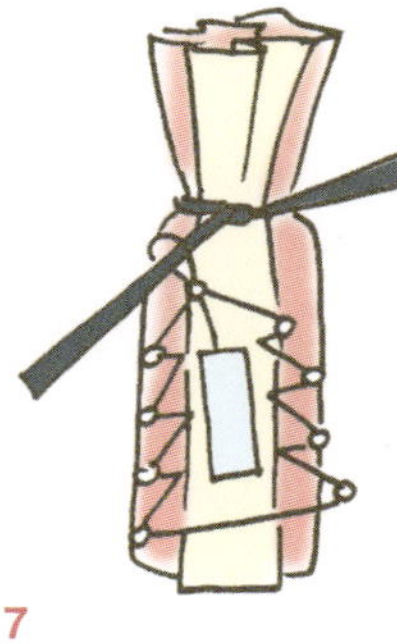

7
カードをリボンに通す。

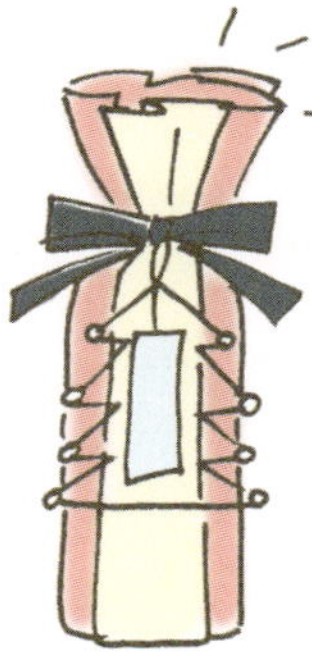

8
そのままp.88と同じようにリボンを結んで完成。

知っておきたい郵便のマナー

定形郵便物のサイズや重さは？
丸い形のものや紙ではない素材でも、切手を貼れば送れるの？
宛名を書く位置や、切手を貼る位置は決まっているの？
知っているようで知らない、郵便のマナーをおさらいします。
封筒は市販のものでないと、なんて思いこまずに、
ルールを知って楽しくカードを贈りましょう。

宛先

名前が中央にくるように書くのが基本。封筒の色が濃い場合は、ラベルの上に書くなどして読みやすくします。郵便番号は必ず明記しましょう。

切手

手作りのカードを中に入れると、意外に重くなることも。料金不足で相手に迷惑をかけないように、サイズや重さを確認してから貼りましょう。切手は1、2枚におさめ、横書きなら右上、縦書きなら左上に貼るのが正式。

はがき

手作りのはがきには、必ず「POST CARD」と明記しましょう。

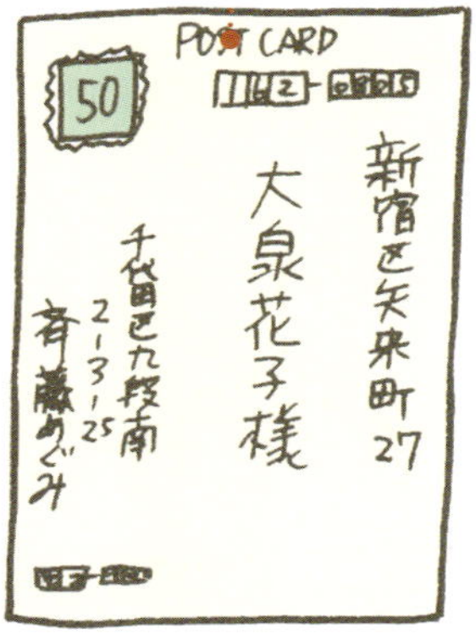

装飾

宛先が読みにくくならない程度なら、自由に絵を描いたりシールを貼ったりしてもかまいません。メッセージなどの長い文章を書くのはなるべく避けましょう。

封

「〆」などの封字を書くのが正式ですが、親しい相手にはシールを貼ってもかわいい。シールだけで留めると、途中で開いてしまう場合があるので、しっかりのり付けしましょう。のり付けするときは中のカードまで留めないように注意して。

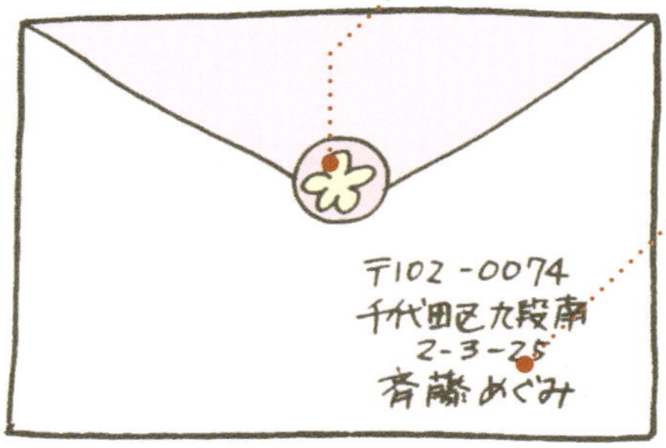

差出人の名前

宛先不明などでうまく届かなかった場合に戻ってくるよう、きちんと明記しましょう。

●定形郵便物（50gまで）

長方形でないものは定形外郵便物となる。

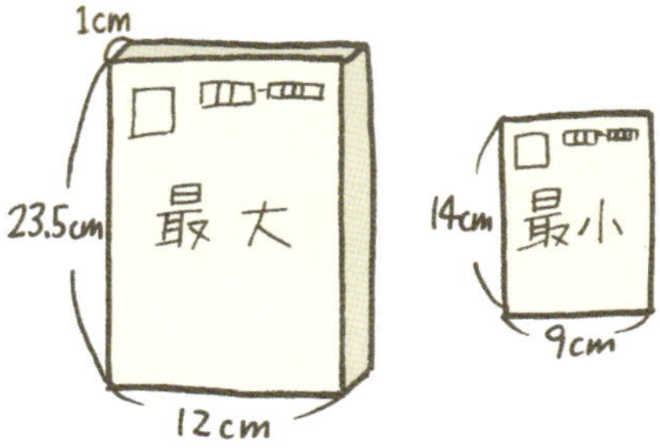

●はがき（6gまで）

長方形でないものは定形外郵便物となる。

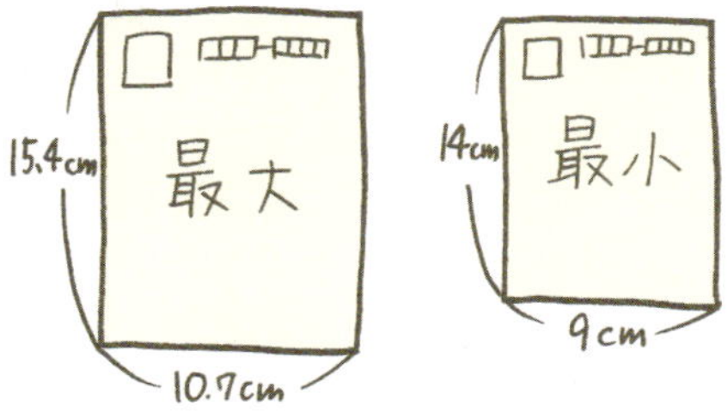

※6gを超えると別途料金になる。

●定形外郵便物（4kgまで）

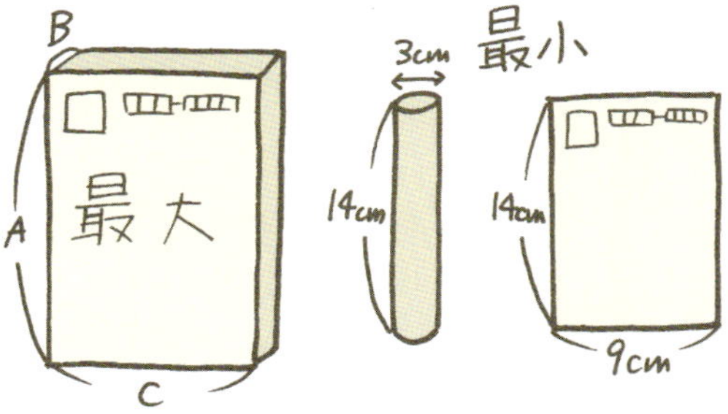

A=60cm
A+B+C=90cm

※上記の規定より小さなものでも、耐久性のある紙や布で6×12cm以上の宛名札を付ければ、送ることができる（特例）。

●料金表

2008年9月現在

内容	重量	料金
定形郵便物	25gまで	80円
	50gまで	90円
定形外郵便物	50gまで	120円
	100gまで	140円
	150gまで	200円
	250gまで	240円
	500gまで	390円
	1kgまで	580円
	2kgまで	850円
	4kgまで	1,150円
通常はがき	6gまで	50円

こんなものも送れます

長方形でない形や、立体的なもの、紙以外のものなど、かなり特殊なものまで定形外郵便物として送ることができます。郵便局の窓口で確認しましょう。

PROFILE
著者紹介

渥美友理 あつみ ゆり

インテリア、雑貨、料理のスタイリスト&ライター。編集プロダクションにて雑誌の編集、スタイリングに携わったのち、渡英。クラフトワークなどを学ぶ。帰国後はフリーランスとして、手作り雑貨なども幅広く手がける。著書に『つくる かざる また、つくる』(主婦と生活社)。

作品：p.18、19、20、46、48、56、58、60、62、64

木下綾乃 きのした あやの

イラストレーター。手紙、文房具好きとしても知られ、手紙好きのためのスケジュール帳「フミ手帖」や手紙文具「pigeon gram」(MARK's inc.)のプロデュースも手がける。著書に『手紙を書きたくなったら』(WAVE出版)、『手づくりする手紙』(文化出版局)など。

作品：p.12、14、16、50、52、66、86

こまけいこ

雑貨クリエイター。テレビや雑誌、ワークショップなどでさまざまな消しゴムはんこの楽しみ方を紹介。著書に『晴れときどきはんこ』『消しゴムはんこで虹色はんこ』(主婦と生活社)など。
http://www012.upp.so-net.ne.jp/komagomayaplus/

作品：p.72、74、76、78、80、84、85

中村頼子 なかむら よりこ

イラストレーター、きりえ作家。大学時代に始めたきりえを中心に、雑誌・広告などで活動中。きりえ講座の講師も務める。著書に『たのしい！きりがみ』(大泉書店)。『手作りカードアイデアブック』(河出書房新社)ではカード制作を担当。 http://www3.ocn.ne.jp/~hal/

作品：p.26、28、30、32

成瀬文子 なるせ あやこ

布作家。「couleur(クルール)」のブランド名でハンドメイドの鞄や雑貨作りを始める。各地での個展開催、雑誌での作品制作のほか、テキスタイルイラストレーターとしても活動中。2007年には洋服ブランド「naruse」を立ち上げる。 http://couleur-web.com/

作品：p.22、24、36、38、40、42、44

■ラッピング協力

包むファクトリー

ペーパー、リボン、箱などラッピング資材の専門店。カードも豊富。持ちこみのラッピングも有料で受け付けている。

作品：p.88、90、92

渋谷本店
東京都渋谷区宇田川町37-15
包むビル1・2階
TEL/03-5478-1330
営業時間/10:00～19:00　定休日/日曜日
(ラッピング受付時間は18:30まで)

撮影	小塚恭子(Y.Kスタジオ)
スタイリング	渥美友理
アートディレクション	大薮胤美(フレーズ)
デザイン	平澤優子(フレーズ)
本文イラスト	中村頼子(p.88～95)
編集制作	株式会社童夢

シンプルでかわいい 手作りカード

2008年9月15日　初版発行

著　者　渥美友理、木下綾乃、こまけいこ、中村頼子、成瀬文子
発行者　佐藤龍夫
発行所　株式会社大泉書店
住所　〒162-0805 東京都新宿区矢来町27
電話　03-3260-4001(代表)
FAX　03-3260-4074
振替　00140-7-1742

印刷・製本所　凸版印刷株式会社

URL　http://www.oizumishoten.co.jp/

ISBN978-4-278-05400-2